本书是国家社会科学基金项目“语言接触视域下西北方言语法演变的心理机制研究”（24XYY006）的阶段性成果。

现代汉语
复杂谓语结构研究

袁芳 魏行 / 著

上海译文出版社

前　言

现代汉语复杂谓语结构是一种由两个及以上的动词或形容词构成的句式(例如："厂长派我去北京。""他哭累了。")，其语序固定、时态单一。这类句子结构既具有固化性和整合性，又具有组构性和能产性，给语法分析带来了很大的挑战。以往研究倾向于将复杂谓语结构作为一个整体单位来处理，对其内部构造鲜有探讨。整体观的做法无异于把结构层面的问题转换成了词汇层面的问题，错失了从系统特质的角度把握语言本质的机会。

复杂谓语结构引发的问题促使我们重新思考语法分析的基础。当前，主流语法理论大多是基于印欧语语法框架提出的。印欧语中，"主语(subject)(名词)+谓语(predicate)(动词)"构成句子的主干，处于语法研究的核心地位。然而，运用该框架分析现代汉语时发现，句子不是成分缺失(如：无主语句和零宾语句)就是成分冗余(如：多重主语句和复杂谓语句)，难免有削足适履之憾。主–谓句子框架是否适用于分析不同类型的语言值得商榷。本书立足于语言系统的离散性，以世界语言中普遍存在的语素(morpheme)为基础，通过借鉴形式语言学的最新研究成果，探究复杂谓语结构的形成机理。

本书首先介绍复杂谓语结构的命名和历史由来，而后阐明其定义和分类，划定这类结构与其他易混淆结构的界限。复杂谓语结构最大的特点是谓语部分具有多个成分，严重冲击了以单中心语(head)为核心的句法分析范式，在汉语语法研究中被视为难以解析的特殊句式。例如，“厂长派我去北京”一句中的谓语部分包含两个动词，其核心是前动词“派”还是后动词“去”？此外，在这类句子中，各个动词的论元如何实现？代词“我”充当的是“派”的内论元(即宾语)还是“去北京”的外论元(即主语)？这些悬而未决的问题引发了我们对以往研究思路和视角的反思。基于印欧语提出的主–谓句子框架、动词中心论等分析范式能否提供合理而充分的解释？我们在解释这类结构的同时，能否始终坚守语法研究的根本原则(如：基于有限元素实现无限表达)？

为了回答上述问题，本书首先系统梳理了相关研究之要旨。通过对不同理论流派的综合考量，本书认为，形式语言学的最新研究成果高屋建瓴，能够对复杂谓语结构引发的问题和争议提供有效的解决方案。鉴于此，本书以组构观(compositionality)为视角，以语言系统的生成机制为立论根基，从语言的最小结构单位——语素——着手，对复杂谓语的具体构造过程进行全方位剖析，重点解决谓语的核心不明及论元如何实现等问题。

基于最简方案框架下的语言生成模型，参照语段(phase)理论、事件结构理论以及分布式形态学的基本假设，本书提炼出复杂谓语结构的生成模式。复杂谓语结构由一定数量的语素合并(merge)而成。合并操作以功能语素为核心，以语段为基本单位，逐步完成对多重谓词的构建，最终将运算结果提交(transfer)至语音界面和语义界面。这种动态的构建模式避免了谓语核心不明引发的一系列问题，有助于语言分析摆脱主–谓句子框架的束缚。运算过程中，如果论元 (argument) 的数量无法满足需求，已参与运算的成分可以被复制，再以内合并 (internal merge) 的方式填充论元位置。由此，所有谓词性成分对论元的需求都能够通过语言系统自身的生成机制得到满足。这种利用现有成分进行再加工的机制为解决复杂谓语结构中论元的实现问题提供了出路。整个推导无需增设任何特有概念或分析模块，实现了理论解释的充分性和最简性。

基于分布式形态学的"单引擎 (single engine)"假设，本书采用统一的机制对复杂谓语的构造过程进行分析，以期打破词法与句法之间的藩篱，为汉语语法研究摆脱词汇中心论及主–谓句子框架的束缚提供可行的方案。本书为语言学研究者和爱好者提供了一个全新的视角，有助于学界更充分地认识现代汉语的特点，拓展语言研究的广度和深度，建构更具普适性的语法理论体系。

目 录

导　论

当前，主流的语法理论大多是基于印欧语的语法框架提出的。印欧语中，“主语(名词)+谓语(动词)”构成句子的主干，处于语法研究的首要地位。然而，若仅运用该框架分析现代汉语会发现，句子不是成分缺失(如：无主语句和零宾语句)就是成分冗余(如：多重主语句和复杂谓语句)，难免有削足适履之憾。主–谓句子框架是否适用于分析不同类型的语言结构值得商榷。

针对上述问题，本书以世界语言中普遍存在的语素为基础，以现代汉语复杂谓语结构为切入点，探索人类语言结构形成的深层机理。复杂谓语结构是一种由多个谓词性成分(通常是动词或形容词)构成的语序固定、时态单一的简单句(如：“我们找个人问问。”“妈妈洗干净了衣服。”)。这类结构既具有固化性和整合性，又具有组构性和能产性，给语法分析带来了很大的挑战。以往研究倾向于将复杂谓语作为一个整体单位来处理，对其内部构造鲜有探讨。整体观的做法无异于把结构层面的问题转换成了词汇层面的问题，错失了从系统特质的角度把握语言本质的机会。复杂谓语结构引发的问题促使我们重新思考语法分析的基础和视角。本书以语言的离散性为立足点，采用对比分析和演绎推理等方法，探究现代汉语复杂谓语结构的共性特征、构建机制和形成过程。

复杂谓语结构最初因吕冀平(1958)的专著《复杂谓语》而得名。随后黄伯荣(1963)在《句子的分析与辨认》一书中对这类结构进行了系统归纳。可能由于起初包含的范围过于庞杂，“复杂谓语”这一名称自提出以来几经存废，一直未得到学界的一致认可。近年来，不同流派的语法学家主要以“连动式”“兼语式”和“动结式”为切入点进行了探讨。然而，这些名称都未能充分反映整个结构的全貌。“连动式”体现的是语序构造的特点，“兼语式”强调的是语法功能上的问题，而“动结式”突出的是两个谓词性成分之间的语义关系。事实上，无论是在句法形式上，还是在语义内容上，复杂谓语结构都存在诸多共性，如语序固定、时态单一，多个谓词性成分之间句法地位平等，存在一定的语义关系，遵循基本的时序原则，通常共享一个或多个论元等。鉴于此，本书重提复杂谓语。该名称一方面概括了谓语部分具有两个以上成分这一特点，另一方面凸显了其对语法研究造成的困难。

如何依据主-谓框架划定句子单位？这一问题在现代汉语复杂谓语结构中尤为突出。例如，“我去市场买菜”这句话到底是单句还是复句？谓语部分的核心有几个？是前动词“去”，还是后动词“买”？此外，前动词短语“去市场”和后动词短语“买菜”的外论元分别由什么成分充当？如果代词“我”担任前者的外论元，后者的外论元就会落空，反之亦然。总之，这类结构不仅冲击了以单中心语为基础的语法分析范式，而且引发了论元共享问题，给汉语语法研究造成了诸多困难，被视为一种不可解析的句式。

已有研究倾向于将复杂谓语结构作为一个整体处理，对其内部构造鲜有探讨。构式语法强调，诸如动结式和连动式这类结构所具有的整体意义是无法通过离散的元素组合而成的，很可能是以整体形式被大脑存储和提取。因此，复杂谓语结构应当被视为一个整体单位，不可再分解，本质上是与词项等同的“构式(construction)”。这一研究理念虽然对结构专有意义进行了充分挖掘，却偏离了组构性这一语法研究的本质。在语言的使用和记忆中，确实存在一些固定或半固定化的语块(chunk)，但这是否就意味着这些语块是人类语言交际的基本单位，而无需再解构分析？事实上，即便是语言中的特殊句式，也是比较开放的，其内部具有一定的扩展空间，允许其他成分插入，或与新的成分组合，并展示出较强的规则性。虽然对于特殊句式而言，结构专有的非常规意义普遍存在，但不能就此否认其可能具有的组构性和能产性。常规的组合意义是否有可能与非常规的整体意义并存？答案如果是肯定的，那么就可以划清特殊句式与习语(idioms)的界限。即使后者被视为词项，也没有充分的理据认为特殊句式属于同一范畴。整体观的做法无异于把句法层面的问题转移到了词汇层面，错失了从系统特质的角度把握语言本质的机会。总之，语言结构普遍具有组构性和能产性，既可以被拆分为更小的语言单位，又能够由语素这类基本的元素组合而成。

正是以这种组构观为立场，本书对复杂谓语结构在句法、语义等方面的特征进行了全面剖析，并应用形式语言学的最新研究成果探究了整个结构的构造过程，以期为揭示语言的本质属性和构造规律提供一些线索。

本书分为八章。第一章是绪论。第二章至第三章对汉语复杂谓语结构的定义、范围、分类及特征进行了系统介绍。第四章重点梳理了有关论元共享问题之研究现状。第五章介绍了本书的理论依据。第六章至第七章阐释了各类复杂谓语结构的具体构造过程。第八章为结论。各章内容简介如下：

第一章　绪论

鉴于学界对复杂谓语结构的定义和范围尚未达成共识，本章首先介绍该结构的命名和历史由来，而后指出这类结构引发的争议及其研究价值。复杂谓语结构中的多重谓词性成分不仅对以单中心语为核心的语法分析范式造成了困难，而且引发了论元共享问题。例如，“他劝我退休”一句中的谓语部分包含两个动词，其核心是前动词“劝”还是后动词“退休”？此外，代词“我”充当的是“劝”的内论元(即宾语)还是“退休”的外论元(即主语)？这些问题均存在争议。本书主要针对这些悬而未决的议题展开讨论，并以此为主线安排全书的章节内容。

第二章　现代汉语复杂谓语结构概述

目前的相关研究散见于连动式、兼语式、动结式等特殊句式，缺乏以系统的眼光进行把握。本研究从历史渊源、句法形式和语义特征等方面论证了这些结构存在诸多共性，并勾勒出了复杂谓语句式的整体轮廓。这是本书进行统一分析的主要理据和基础。本章首先阐明现代汉语复杂谓语结构的定义，划定这类结构与其他相关结构的界限，而后对典型成员和非典型成员分类列举，为进一步的探讨做好铺垫。

复杂谓语结构通常由两个及以上的动词或形容词构成，语序固定、时态单一，主要包括“我去市场买菜”这类外论元共享型、“他倒水喝”这类内–外论元同时共享型和“他劝我退休”这类内–

外论元递接共享型的句子。该结构与主谓宾语句、双宾句以及包含状语的特殊句式都存在系统的差异。

第三章　现代汉语复杂谓语结构的特征

本章全面梳理了复杂谓语结构在句法形式和语义内容方面的共性特征。这类结构的一大特点是，多个谓词性成分之间的句法地位相当，遵循基本的时序原则，通常共享一个或多个论元。其中，论元共享不仅是复杂谓语结构的典型特征，而且给语法分析带来了诸多问题和挑战，是本书研究的核心问题。

第四章　论元共享问题之探

对于论元如何实现这一问题，本章首先介绍了相关研究之要旨。由于研究视角存在差异，认知语法、功能语法以及生成语法等不同理论流派各执所见。本书认为，形式语言学的最新研究高屋建瓴，能够对复杂谓语结构引发的一系列问题提供有效的解决方案。

第五章　语言的生成机制

本章以最简方案(Minimalist Program，简称MP)框架下的语言生成机制为指导思想，参照语段理论、事件结构理论以及分布式形态学(Distributed Morphology，简称DM)的基本假设，提炼出复杂谓语结构的生成模式。

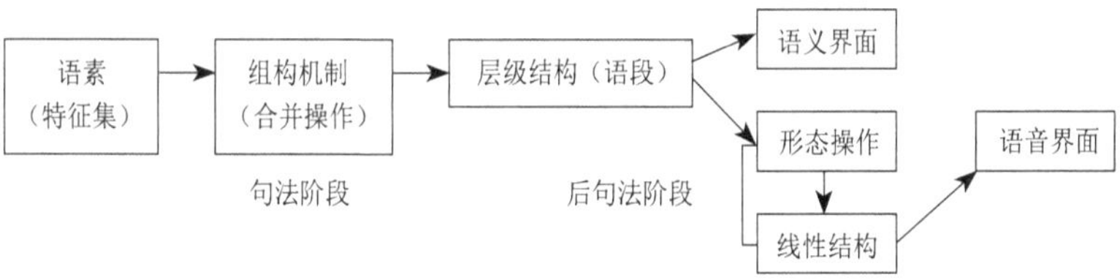

图 1　语言的生成模式

如图1所示，合并操作（即对语言成分进行两两组合，详见5.2节）将离散的语素组合为层级结构（hierarchical structure），再以语段为基本单位提交至界面。这种层级性的生成结果可直接被语义界面解读，但无法被语音界面拼读，因为只有线性结构（linear structure）才能被语音界面识别。为了满足线性化（linearization）要求，生成结果在后句法（post-syntactic）阶段接受形态调整，最终可能被语音界面识别为词，也可能被识别为短语或更大的语言单位。由此看来，无论是词还是短语，都是通过离散的语素组合而成的。这种单引擎生成模式不仅打通了词法与句法的界限，为解决相关争议提供了出路，而且揭示了语言系统的本质特点——通过有限元素实现无限表达，从而为汉语特殊句式研究带来了新的视角。

第六章　现代汉语复杂谓语结构的生成

本章立足于语言的组构性，通过阐释复杂谓语结构的构建过程，探寻研究问题的解决方案，具体观点如下：

(1)复杂谓语结构由离散的语素合并而成。合并操作以功能语素为核心，以语段为基本单位，逐步将运算结果提交至语音界面和语义界面。这种动态的构建模式避免了谓语核心不明引发的问题，有助于语法分析摆脱主–谓句子框架的束缚。

(2)对于论元共享问题，本书提出：如果论元的数量无法满足需求，已参与运算的成分可以被复制，所生成的拷贝以内合并的方式填充论元位置，确保所有谓词性成分对论元的需求都得到满足。这种利用现有成分进行再加工的机制为解决复杂谓语结构中论元的实现问题提供了突破口。

(3)论元的拷贝和母本具有完全等同的语义内容和句法功能，都可以在语义界面的解读过程中获得题元角色；而语音界面受经济性原则的制约，通常只允许一个拷贝获得拼读。这种界面的不平衡性是论元共享现象产生的根源。

(4)在语义界面的解读过程中，常规意义由实义语素表达的概念组合而成；结构专有意义通过功能语素携带的抽象特征获得诠释。对不同语素的功能进行区分，有助于实现句法结构对语义内容的充分表达，推进语法分析向更精细化的层面发展。

第七章　其他语言中的复杂谓语结构

本书提出的研究视角和理论假设能否用于解释其他语言中的复杂谓语结构？针对这一问题，本章系统考察了英语、马拉雅拉姆语(Malayalam)等语言中的类似结构。结果表明，基于汉语复杂谓语结构而提出的推导模式对于解决其他语言中的相关结构同样有效，验证了本研究成果的可行性和适用性。

第八章　结论

本章对全书的主要内容、创新观点及研究价值进行了回顾和总结，并对未来的研究方向进行了展望。

本成果采用词汇与句法相统一的模式剖析复杂谓语结构的生成过程，打通了语言分析的不同层面，解决了词法与句法、单句与复句之争对语言分析造成的困扰，为汉语语法研究摆脱词汇中心论的束缚提供了可行方案。在研究视角方面，本书立足于组构观，以全新的理念重启对语言本质的探索，回答了“语言系统是如何由基本元素构造的”“如何实现对有限元素的无限表达”等具有普遍理论意义的问题。在理论观点方面，本书对复杂谓语句的推导完全基于语言系统自身的构建机制，没有专设特有概念或分析模块，体现了理论解释的充分性和最简性。以功能语素为核心、以语段为单位的推导模式，打通了词法与句法的界限，避免了主–谓框架不明对语言分析造成的困扰，有助于推动语法研究摆脱外在语言(external language)形式的束缚，回归到组构性这一本质之中，对揭示语言系统的根本特点和构造规律具有积极意义。

第一章

绪论

研究价值 /

命名问题 /

历史由来 /

本书议题 /

小结 /

第一章　绪论

在现代汉语中，不论是口头语言，还是书面语言，很多都是含有“复杂谓语”的句子(吕冀平，1958：4)。这些句子的谓语部分可以出现不止一个动词或形容词。它们有些紧邻，有些间隔一个名词，但是可以连续说下去；只有一种语调，中间没有停顿，很难分轻重，也没有任何表示它们相互关系的语法标记。从语法功能上看，这些谓语成分地位平等，无主次之分，没有动-宾或状-中关系，也不是联合谓语或主谓谓语；从指称意义上看，其表达的动作行为在时间顺序上往往存在先后之别，在逻辑语义上体现为承接、延伸、目的、致使或因果等关系，具体形式如“N1V1(N2)V2/A(N3)”，详见例(1)。

(1) a. N1+V1+V2　　　　S+Vi+Vi

我去市场买菜。/我们买票进去。

b. N1+V1+N2+V2　　　　S+Vt+O+Vt

他倒水喝。/大家挣一碗饭吃。/我们找个人问问。

c. N1+V1+N2+N3+V2　　　　S+Vt+IO+DO+Vt

他给了我一碗汤喝。

d. N1+V1+N2+V2　　　　　S+Vt+O+Vi

厂长派我去北京。/他劝我退休。

e. N1+V+A　　　　　　　　S+Vi+A

他哭累了。

f. N1+V+A+(N2)　　　　　S+Vt+A+(O)

他看烦了（这本书）。/他喝醉了（酒）。

g. N1+V+A+N2　　　　　　S+Vt+A+O

他打死了一只苍蝇。/洗干净了衣服。/踢破了球。

h. N1+V1+V2　　　　　　S+Vt+Vi

他唱哭了。

这类语句不仅因谓语部分复杂而得名，而且给语法分析带来了很大挑战。一方面，由于谓语部分具有两个以上的成分，且没有任何标记显示各个成分之间是否存在并列、从属、修饰、限定等句法依存关系，我们很难判断哪个动词是谓语的核心，这对直接成分分析法、题元理论和中心语投射理论等以单一中心语为基础的语法分析造成了很大的困难。另一方面，每个谓词性成分[1]均具有各自的论元结构，通常共享至少一个核心论元，它们的主语或宾语具体是什么也难以确定。语法学家提出了“连环句”“兼语式”“递

1.“谓词”这一概念来源于逻辑学，泛指对主项的描述，在句子中通常与“谓语”这一概念对应。为了避免与整个谓语部分混淆，本书采用“谓词性成分”来表述复杂谓语结构中谓语的构成成分。这些成分主要包括动词和形容词，在一般的简单句中可以独立充当谓语，但是在复杂谓语结构中不足以成为独立的谓语部分。

系式”“连动式[1]”等名称，但未能对上述问题提出切实可行的解决方案（黎锦熙，1924；陈建民，1960；丁声树、吕淑湘、李荣，1961；吕淑湘，1980；杨成凯，1984；王力，1985，1989；吴启主，1990；范晓，1991）。事实上，这些结构在句法、语义等方面呈现出诸多共性，其反映的根本问题以及给语言研究带来的挑战是普遍存在的。是否有必要对兼语式、连动式等各个句型进行单独分析值得商榷。鉴于此，本书以“复杂谓语结构”这一名称统括，旨在超越表层差异，挖掘深层共性，以突显这类结构的研究价值及其所引出的研究议题。

本书从句法和语义这两方面的共性特征着手，重点推导复杂谓语结构的生成过程，以期为揭示语言系统的本质及构造规律提供一定的线索。基于这一研究理念，本书以语素为着眼点，重新审视语法分析的最小单位，指出现行主流语法理论在分析汉语句子时所面临的问题和挑战，并借助形式语言学的最新研究范式，以组构观为视角全方位剖析复杂谓语句的生成过程，以期超越主-谓句子框架，提出更具普适性的语法理论。

1. Aikhenvald & Dixon（2006）提出的“serial verb construction（连动结构）”主要分布于亚洲（如汉语、朝鲜语、泰语、藏缅语）、大洋洲、美洲和非洲中西部等地区（Craig & Hale，1988；Foley & Olson，1985；Aikhenvald & Dixon，2006）。鉴于“连动结构”这一名称比汉语学界已流行的“连动式”这一术语所涵盖的范围更广，种类更多，为了避免混淆，本书不采用“连动式”这一术语。当然，“复杂谓语”这一名称并未彻底摆脱“主-谓”框架之束缚。为了便于描述其典型特征，此处仅为命名之用。

1.1 研究价值

自《马氏文通》(马建忠，1898)以来的汉语语法研究基本上是以印欧语系的语法理论为基础的。然而，按照印欧语的“主语–谓语”句子结构的框架来分析，汉语句子不是成分缺失(如：无主语句和零宾语句)就是成分冗余(如：多重主语句和复杂谓语句)，难免有削足适履之憾。比如，在例(1)所示各句中，谓语具体由哪个词充当？句首的名词N1是前动词的主语还是后动词的主语？总觉得这里有两个(或更多)成分，却很难从形式上判断其中哪一部分是主体，哪一部分是从属。这些问题背后隐含的是汉语语言事实与基于主–谓句子框架的语法理论之间的冲突(宋文辉，2018)。主语–谓语框架是否具有普适性？是否适合分析世界上所有类型的语言？这些问题值得商榷。

此外，根据题元理论，论元与题元角色之间保持一一对应的关系。基于一一对应原则，句法结构与语义信息之间建立了稳固而精准的联系。这种对句法结构的约束力确保一个语法成分表达一个确定的意义，在探求句法与语义关系的研究中发挥着基础性作用。然而，上述句子中的论元共享现象却打破了题元准则(theta criterion)所预期的一一对应关系。如(1a)中的“我”集前动词“去”的施事角色和后动词“买菜”的施事角色于一身；(1b)中的“水”既是前动词“倒”的受事，又是后动词“喝”的受事；(1d)中的“我”兼有受事和施事的特点。多重谓词及与其相关的论元共享现象不仅给直接成分分析法和向心结构分析法带来了挑战，而且成为题元理论和中心语投射理论等句法–语义接口研究面临的一大难题。

现有研究主要以连动式、兼语式和动结式[1]为切入点进行了探讨，但普遍将这类结构作为一个整体单位处理，对其内部构成鲜有涉及。认知语法和功能语法都强调，动结式和连动式这类复杂谓语结构所具有的整体意义无法通过离散的元素构建而成，很可能是以整体形式被大脑存储和提取的。这种理念凸显了语言结构的专有意义，却偏离了组构性这一语法研究的宗旨。

在语言的使用和存储中，确实存在一些固化或半固化的语块，那么是否就可以认为这些语块是人类语言交际的最小单位？我们清楚，例(1)所示诸句在汉语中的能产性很强，其内部结构在大多数情况下是开放的，具有一定的扩展空间，允许多种成分插入；主要的构成成分也可以被替换，或与新的成分组合。从这个角度看，复杂谓语结构具有常规的组合意义。虽然其包含的结构专有意义可能超越了各个构成成分意义的简单加和，但不能就此否认该结构本身具有的组构性和能产性。这是复杂谓语结构与习语的根本差别。即使后者被视为词项，也没有充分的理据表明复杂谓语结构是与词项等同的语言单位。整体观的做法无异于把结构层面的问题转换成了词汇层面的问题，错失了从系统特质的角度把握语言本质的机会。总之，诸多迹象表明，复杂谓语结构具有组构性：可以被拆分为更小的语言单位，也可由词或语素等构造元件组合而成。可能在某些方面，这类结构体现出了词汇的固化和整合特征(如：例1e–h的语

1. 有些研究称之为动补结构。但本书认为二者的范围并不完全相同，前者不包含任何连词或其他语法标记，后者的范围更广泛，还包括动趋式、“动词+程度”式，以及“得”字结构。

序），但是在更多情况下，该结构具有短语的可分解性、规则性和能产性。这种双重属性引发了学界广泛而长期的关注，成为语法研究的难点。

复杂谓语结构引发的一系列问题促使我们重新思索语法分析的基础和视角。什么样的理论才能更加合理而充分地解释世界上形式多样的语言结构？对复杂谓语结构这类特殊句式的系统分析有助于推动语言学研究进一步摆脱外在语言形式的束缚，在更深、更广的层面探讨句子的构建机制和语言系统的本质规律。

1.2 命名问题

形如“N1V1(N2)V2/A(N3)”的例（1）各句当如何命名？学界一直存在争议。为了凸显“论元共享”这一特征，王力（1954：134）提出了“递系式”，认为N2具有双重身份，既是前动词V1的宾语，同时又是后动词V2的主语。丁声树等（1953：112）根据主语、宾语以及重音进行了分类，将诸如例（1a–b）的结构称为“连动式”，将诸如例（1c–d）的结构称为“兼语式”。在国外汉语学界，Chao（1968）用“verbal expression in series（动词连用结构）”指称例（1a–b），用“pivotal constructions（兼语式）”指称例（1c–d），用“verb-complement compounds/constructions（动补复合词/结构）”指称例（1e–h）。Li & Thompson（1981）基本沿用了这三类划分，只是在名称上有所调整，用“serial verb construction”指称例（1a–b），用“verbal compounds（动补复合词）”指称例（1e–h）。自此，学界普遍采用“连动式”指称例(1a–b)类句子，用“兼语式”指称例(1c–d)类句子，用“动结复合词/动结式/动补结构”指称例(1e–h)类句子。对此，朱德熙(1982：160–167)持不同观点，将例(1a–d)统称为“连谓结构”。他强调，我们不能因N2语义指向后动词的施事就把整个结构专称为兼语式，而把不指向施事的结构看成连动式。

在作者看来，“连动式”凸显了句法成分的序列特征，属于对表层形式的描述；而“兼语式”侧重于强调句子成分的语法功能问题。事实上，除了动词的语义指向及其之间的语义关系有所不同，“连动式”和“兼语式”存在诸多相似之处，二者往往被视为一种结构(王力，1954；朱德熙，1982)。鉴于此，本书不再对兼语式与连动式进行区分。那么，应如何称说例(1)各句？由于例(1e–h)中的形容词也属于谓语的一部分，连动式和递系式均不足以全面概括其各方面的典型特征。此外，“连谓式”“连谓结构”等说法涉及多个谓语之意义，而本书认为，这类句子结构的谓语部分虽然复杂，但仍属于单一谓语，与具有多个谓语的复合句有本质区别(详见第二章)。综合考量，“复杂谓语”(吕冀平，1958；黄伯荣，1963)这一名称较为贴切地体现了例(1)各句在句法形式和语义内容这两个方面的特点，不仅可以包括多个动词前后相接的用法，还可能涉及动词和形容词紧邻的情况。后者正是例(1e–h)这类动结式的句法特点。也许是由于相当一部分研究将一些高频使用的动结式视为了复合词(resulative verbal compound)，“复杂谓语”这一术语提出之初没有包括诸如例(1e–h)的句子，但是根据“谓语部分可以有两个以上动词或形容词”(黄伯荣，1963：95)这一定义，本书认为，由动词和形容词构成的动结式是典型的成员。无论动结式属于复合词还是特殊句式，都可以在词法–句法相统一的生成模式下构建而成(详见第五章)，不应因属性问题被排除在语法分析之外。总体而言，连动式、兼语式和动结式具有更多的共性。在形式上，它们都涉及多个谓词性成分的连用；在意义上，都遵循基本的时序原则，通常共享一个或多个论元。如果能够对这些结构给予统一的分析和解释，“复杂谓语”是一个十分合适的名称。

鉴于此，本书采用“复杂谓语结构”指称形如例(1)的一系列句子。但是与吕冀平(1958)和黄伯荣(1963)的观点不同，本书提出的“复杂谓语”不等同于多个谓语，而是强调谓语内部的构成成分复杂。这种复杂谓语虽然涉及多个中心语，但本质上属于一种复合谓语，构成的是具有单一谓语的“简单句”。此外，例(1)各句与Aikhenvad & Dixon(2006)提及的“complex predicates(复杂谓语)”性质并不相同，而更类似于他们对连动结构的描述。

虽然刘丹青(2019)认为，动结式、动趋式与连动式在现代汉语中已裂变为母语者识解的不同句法结构，但这并不妨碍我们采取更深层的构造机制进行统一分析。从历时演变的角度看，这些结构同兼语式具有共同的历史渊源，都是从上古汉语的动词连用结构发展而来的(赵长才，2000)。相关研究已把动结式纳入了连动式的考察范围(王力，1989；魏兆惠，2005)。下文将简要回顾汉语动词连用结构的发展历程及其与现代汉语连动式、兼语式和动结式的演变关系。

1.3 历史由来

有关汉语史的研究达成了一个基本共识：现代汉语的使成式[1]（主要体现为动结式和动趋式）是由上古汉语的动词连用结构发展而来的。在先秦时期，连用的两个动词之间通常带有连接成分，所表达的动作行为无主次之分，但存在时间上的先后顺序。如例(2)所示，谓语部分包含多个动词，主要通过“而”“而后”“以”等连词衔接。不同的连词体现了动词之间不同的语义关系。例如，连词“而”表示两个动词具有承接、补充和修饰等语义关系；连词“以”表示两个动词要么存在先后关系，要么存在共时关系。在先后关系中，V1可以是V2的方式、手段或原因，V2则为V1的目的或结果；在共时关系中，V1是V2的方式或情态。

(2) a. 豹自后击而杀之。（《左传·襄公二十三年》）

b. 扁鹊望桓侯而还走。（《韩非子·喻老》）

c. 妻侧目而视，倾耳而听。（《战国策·秦策一》）

d. 师有功，国人喜以逆之。（《左传·成公二年》）

e. 曹公尽收其众，虏先主妻子，并禽关羽以归。（《三国志》）

f. 故王之不王，非挟太山以超北海之类也。（《孟子·梁惠王上》）

---

1. 使成式泛指及物动词与形容词或不及物动词构词的结构，表示动作行为及其结果。动结式指及物动词带结果补语的形式，而动趋式指及物动词带趋向补语的形式。

在语言结构的演变过程中，并列连词“而”在两个动词之间使用的频率逐渐减少，10世纪左右基本消失，只保留在一些书面语或固定表达中(石毓智，2003：55)。随着“而”的出现由强制性变为选择性，两个动词紧邻的概率逐渐增大，以至于在汉代大量出现了例(3)所示的动词连用结构。在这类结构中，两个连用的动词往往共享一个主语或宾语，二者之间没有任何连接标记，仅依靠动作发生的前后顺序来表示时间上的先后关系。

(3) a. Vt1+Vt2+O

晋六卿强，侵夺郑。(《史记·郑世家》)

母知其神怪，乃收养之。(《论衡·吉验》)

广亦竟射杀之。(《史记·李将军列传》)

b. Vt1+Vi-t2+O

二十八年春，齐侯伐卫。战，败卫师。(《左传·庄公二十八年》)

故举兵击灭之。(《史记·秦始皇本纪》)

乃击伤大将军。(《史记·李将军列传》)

射伤郤克，流血至履。(《史记·齐太公世家》)

c. Vt1+Vi2+O

人也逐出之。(《史记·秦始皇本纪》)

陈余击走常山王张耳。(《史记·张丞相列传》)

乃激怒张仪。(《史记·苏秦列传》)

d. Vi1+Vi2

十二年，鲁武公来朝。(《史记·周本纪》)

昭公惧，遂出奔齐。(《吕氏春秋·察微》)

例如，例(3a)中“侵”和“夺”分别与“郑”具有“动作–受事”关系。同样是共享宾语，例(3b)的性质则完全不同，后动词V2本为不及物动词，只是在使动框架中用作了及物动词Vi-t。可以说，这些句子中的宾语既是前动词Vt1的直接宾语，又是后动词Vi-t2的使动宾语，即“败”“灭”“伤”均为Vi-t，意为“使卫师败”“使之灭”“使大将军伤”。例(3c)的情况又有所不同。由于后动词V2始终为不及物动词，句末的宾语实际承担了后动词Vi2的施事角色，而与前动词Vt1保持“动作–受事”关系，在意义上相当于现代汉语的兼语式，只是语序有所不同。例(3d)涉及的是两个不及物动词连用的情况。

那么，这种以“而”为代表的连词为何会逐渐减少？早期连词的数量较少是因为连词系统及其表达功能不完善造成的。两汉时期连词数量的减少主要是受到了汉语双音节化的影响。在汉语的演变过程中，随着复辅音尾消失、声调数量减少，汉语的语音系统逐渐发生了简化，曾经有区分度的单音节词变成了同音异义词(Li & Thompson，1981)。为了避免这种现象大量出现，汉语最小的韵律单位倾向于从单音节向双音节发展(冯胜利，2016)。现代汉语普通话中的双音词不仅在数量上占绝对优势，而且句法上最自由。很多情况下，单音节语素只有再加上一个音节之后才能充当句子成分或独立成句(吕叔湘，1979)。这一演变对语法结构的调整具有重大影响。鉴于此，有学者提出，类似例(4)中的“饿死”“射杀”是由

“饿而死”“射而杀”省略了连词“而”经小句整合[1]而成的(何乐士，1984；志村良治，1984；石毓智，2003；高增霞，2007；冯胜利，2016)。如例(4a-c)所示，不同时代的作者表述同一历史事件时，采用了完全不同的语言形式。先秦时期使用了由“而”连接的并列结构“饿而死”；汉代将连接词“而”删除，直接得到一个双音节复合词“饿死”。

(4) a. 饿而死于首阳之山。(《战国策·燕策》)
  b. 遂饿死于首阳山。(《史记·伯夷列传》)
  c. 伯夷不食周粟，饿死于首阳之下。(《论衡·刺孟》)
  d. 郤至奉豕，寺人孟张夺之，郤至射而杀之。(《左传·成公十七年》)
  e. 宦者夺之。郤至射杀宦者。(《史记·晋世家》)

虽然学界普遍认为，VV复合词来源于[V而V]结构，但是我们也可以看出，双音节化的需求还不足以导致连词“而”消失。因为在“而”连接的并列结构中，两个并列的单音节动词完全能够通过重叠、加缀、加同音词根等途径各自双音节化。那么，连词在这类结构中消失的必要条件是什么？冯胜利(2016)发现，“核心重音指派规则”是深层动因。

1. 小句是指含有一个谓词的结构，通常包括动词及其论元。在语言的使用和发展过程中，某些动词发生了语法化，两个原本独立的小句逐渐合并为一个单句。这种机制被称为小句整合 (clause integration) (Haboud，1997)。它打破了句子的传统定义，以单句的形式表达了多个命题。

（5）a. 核心重音指派规则（Chomsky & Halle，1968）

重音指派到主要成分的最右边的可承重元音之上。

b. 核心重音指派规则（Liberman & Prince，1977）

在结构[A B]c中，如果c是一个短语，那么B重。

对于像英语和汉语这种中心语居前的语言，动词是重音的指派者，宾语是重音的接受者，即动词必须将重音指派给它的宾语。在由“而”连接的并列动词结构[V1而V2NP]中，V1和V2都有指派重音的能力，但是NP因位于V2之后而只能承担V2指派的重音，V1的重音承担者落空。即使假设V1之后存在一个空宾语，但是空成分对于韵律规则没有意义。由于一个单音节成分不能组成一个音步，V1只能与连词“而”组成音步。但这不是韵律上的合法结构。因为核心重音规则不允许动词将重音指派给一个句法上的非主要成分。最好的方法是将V1和V2组合为一个句法单位，不仅符合核心重音规则，还可以使韵律结构和句法结构保持一致。为了确保V1-V2作为一个复合词来向宾语NP指派核心重音，连词“而”必须删除。这可以解释为何在汉代的文献中，VV复合词急剧发展，而[V1而V2NP]结构几乎消失(冯胜利，2016)。

总之，在汉语双音节化及其相关韵律要求的作用下，以“而”为代表的连词逐渐脱落[1]。V1+V2+O成为汉代动词连用结构的主流形式(杨伯峻、何乐士，1992：622)。然而，诸如例(3b)的句式结构

1. 当然，这种省略通常发生在不表达实际意义的连词上。表示因果关系的连词“则”和表示目的关系的连词“以”并不是都可以省略的。

虽然与现代汉语动结式的表层形式一致，但是语法性质差异很大。前者为使动用法，后者只有自动意义。这种现象被称为重新分析(reanalysis)。如何解释这种语言演变中的重新分析？

使动形态标记脱落是一个重要因素。自动句和使动句是汉藏语系语言的两种基本格局。自动句要求句首必须由有生命的名词充当施事，对动作行为能发出一种支配力量。例如，"中国队胜日本队"表示"中国队胜"。如果句首的名词因某种作用而成为一种说明或陈述的对象，整个句子便构成使动句，即动作行为是由外力引起的。例如，"中国队败日本队"这句话的意思仍是"中国队胜，败的是日本队"，即"中国队使日本队败"。说自动句是汉语的一种基本句式，人们普遍可以接受，但是说使动句也是汉语的一种基本句式，恐怕多数人难以认同。特别是在现代汉语中，后者的使用比例很低，与自动句不存在系统的对立。

然而，自动句与使动句的对立在古代汉语中是系统而平衡的(王力，1989；徐通锵，1998)。古汉语形容词和不及物动词的使动用法即是证据。王力(1989)认为，这种用法是以动宾结构Vcause+O的形式表达了兼语的内容。在Vcause+O这种句式框架中，使动词Vcause一身二任，既具有使令意义，又有动词本身固有的词汇意义。动词、形容词，甚至是名词都可以进入这种使动框架，如(6)所示。

(6) a. 外连衡而<u>斗诸侯</u>。(《过秦论》)

b. 能<u>富贵将军</u>者，上也。(《史记·魏其武安侯列传》)

c. 乘势，则哀公<u>臣仲尼</u>。(《韩非子·五蠹》)

d. 则斯役之价值，直可惊天地，泣鬼神。（《黄花冈七十二烈士事略》序）

例(6a)中的“斗”这一动作的发出者是诸侯。“斗诸侯”不是指与诸侯斗，而是使诸侯相互争斗。同样，例(6b)中的形容词“富贵”原本不能带宾语，此处用作使动，表示“使将军富贵”。例(6c)中的名词“臣”即为“使仲尼为臣”。这类使动用法虽然逐渐衰退，但是在现代汉语中仍保留着一些痕迹。如(6d)中的不及物动词“惊”和“泣”分别表示“使天地惊”和“使鬼神泣”。

及物动词进入使动框架后，出现在其宾语位置的名词性成分兼具两种语法功能，与及物动词的一般用法存在根本性差别。对比例(7)各句发现，例(7a)中的“从”是自动词，“从众”即“随从大家”，表达一般的动宾关系；而例(7b)中的“从”是使动词，“百余骑”是兼语，表示“使百余骑随从”。同样，例(7c)中的“附”是自动词，“附曹”即“归附曹操”；而例(7d)中的“附”是使动词，“附远”即“使远方的人归附”。例(7e)中的“降晋”是动宾关系，而例(7f)中的“降”用作使令之用，意为“使彭城降晋”。因此，“彭城降晋”与“晋降彭城”记载的是同一事件，意义等值。可以说，使动用法中的及物动词在功能上失去了及物性，句法分布类似于不及物动词。

(7) a. 吾从众。（《论语·子罕》）

b. 沛公旦日从百余骑来见项王。（《史记·项羽本纪》）

c. 荆州之民附操者，逼兵势耳。（《赤壁之战》）

d. 怀敌附远，何招而不至？（《论积贮疏》）

e. 彭城降晋，晋人以宋五大夫在彭城者归，置诸瓠丘。（《左传・襄公元年》）

f. 楚师宵溃，晋降彭城而归诸宋，以鱼石归。（《左传・襄公二十六年》）

当然，进入使动框架的及物动词也可以保留及物性。这种情况下，宾语位置会出现两个名词性成分。前一个名词是兼语，后一个名词是动词的逻辑宾语。对这种句式的解读往往需要借助表示“使令”意义的词，这类动词与兼语是动宾关系，兼语与原及物动词是“施事–动作”关系，与后一个名词是“施事–受事”关系。

（8）a. 晋侯饮赵盾酒。（《左传・宣公二年》）

b. 驱民而归之农。（《论积贮疏》）

c. 授之书而习其句读者。（《师说》）

例如，例(8a)并非表示“晋侯饮用赵盾的酒”，而是“晋侯让赵盾饮酒”。“饮”是使动用法，“赵盾”与“酒”形成“施–受”关系。现代汉语需要添加“使”“让”“叫”这类使令动词才能表达清楚。“饮赵盾酒”意为“使赵盾饮酒”。例(8b)中的“归”为使动用法，“之”指代“民”，“之”和“农”之间是施受关系，“归之农”即“使之(民)归农”。“使动词+兼语+宾语”格式很容易与双宾句式混淆。例(8c)中的“授之书”是一般的双宾式，“之”和“书”都是“授”的宾语。而“习其句读”中的

“习”则为使动用法，“其”与“句读”为施受关系，“习其句读”即“使其习句读”。总体而言，古汉语单音节语素的自动、使动用法都十分普遍。后者主要借助形态手段实现(如：音调、后缀-/s/，中缀-/r/-、声母由浊变清等)(王力，1936；梅祖麟，1980；李芳桂，1980；徐通锵，1998)。

在漫长的演变过程中，使动形态标记消失殆尽，仅有个别用例保留了下来。比如，在声调表示法中，“饮”用作自动词时，读三声，表示“喝(水)”；作使动之用时，读四声，意为“让某家畜喝水”(石毓智，2005)。总之，动词的使动用法在现代汉语中极其有限。为什么曾经在古汉语中广泛存在的、与自动用法系统对立的使动用法在语言发展过程中出现了衰退？取而代之的又是哪些语法结构？一种可能的原因是使动用法的表层词序与逻辑或时间顺序原则(principle of temporal sequence，简称PTS)不一致。依据逻辑或时间顺序原则，动作的发出者——施事——在汉语这类SVO语言中应当出现在动词之前。自动句的语序与该原则一致，因而自古至今没有发生太大变化。但是在使动句中，对动作行为起支配作用的施事却出现在了动词之后，与语言类型学的预测相反。这种语序–语义不匹配的问题在古汉语中通过形态手段得到了解决。然而，一旦表示使动用法的(语音)形态标记大量消失，及物动词的自动和使动用法在外在形式上就没有太大差别了(冯胜利，2016)。二者区分度的降低给语言交流造成了很大困难。因而，有必要对结构单位的排列顺序进行适当调整。

鉴于现代汉语的形态标记匮乏，人们更倾向于采用与逻辑顺序一致的形式，根据现实事件发生的先后顺序安排结构单位的序列，将施事置于动作行为之前。最自然的调整就是在及物动词前面加上表示“使令”或“致使”意义的动词(如：“使”“让”“叫”“令”)。一种可以使用的现成结构是自上古以来就存在的兼语句。由此，“使、让、叫、令+N+V”句式流行起来，用以表达人类语言普遍存在的致使意义(causation)。可以说，随着使动用法逐渐衰退，兼语式作为一种语法层面的补偿形式被大量使用[1]。久而久之，在长期的竞争中，及物动词彻底失去了表达使动意义的功能，取而代之的是使令类兼语式。

另一方面，“使成义”的表达需求促使动结式产生。随着语音系统不断简化，相关形态标记逐渐脱落，同音异义或一形多义现象大量出现。为了减轻交际困难，同时兼顾经济性原则，双音节化成为主要的补偿手段之一。双音节化促使两个单音节语素组合为一个单一的韵律单位，在使动用法中，体现为方式类语素V1和结果类语素R合并为一个音步，由此产生了所谓的“动结复合词/动结式”。例如，我们今天会用“削小它”来表达古汉语“小之”的意思，用“纠正它”来表达“正之”，用“杀死他”表示“死之”，用“救活他”表示“活之”。可以说，应语言系统调整的需求，汉语产生了一种新的语法形式——动结式。该结构不仅可以表示动作达到了某种结果，而且能够体现该结果是通过哪种行为实现的，既表达了复杂的意义，又实现了形式上的简洁性。动结式的出现改进了语言系统的编码方式，扩大了动词的组配功能，标志着汉语语法系统

1. 当然，这并非现代汉语兼语式大量使用的唯一原因。上古汉语多动共宾结构“逐出之”也可能直接发展为兼语式。

能够表达更加复杂的思想，逐渐向更完善、更精细的程度发展(王力，1957)。

总之，随着使动形态标记的大量消失，汉语语法系统主要进行了两种调整。一种是把施事成分移至谓语之前，在前面再加上使令类动词，构成兼语式。另一种是保持施事成分位置不变，但是在动词之前再加上一个表示原因或方式的动词V1，原动词作为V2只表示结果(如："死之"变为"杀死")。第一种调整要求施事在语义上有定、有生命，且构成谓语的两个部分表达的是承接、方式或目的关系；第二种调整不受这种语义条件限制，谓语的两个部分一般只表达因果或方式–结果关系。当然，第二种调整会造成V2位置大量出现具有完成或结果意义的动词(高增霞，2007)。太田辰夫(1958：196–198)强调，只有当V2固定为自动词之后，动结式(原文称为"使成复合动词")才真正形成。此后，学界基本上采纳了这种观点，以V2演变为不及物动词作为动结式产生的标志(志村良治，1984；蒋绍愚，1994；吴福祥，1999)。

由此可见，虽然现代汉语动结式可能由古汉语的多动共宾结构发展而来，但是在漫长的演变过程中，二者已出现分化，补语已不再具有使动用法。证据是曾经广泛使用的分离型动结式V+X+R。其中，X可以是受事名词，也可以是副词或否定标记。R是形容词或不及物动词(如："饮酒醉""叫得醒""叫不醒")。古汉语可以用"饮酒醉""打头破"来表示"喝醉酒""打破头"的意思。如例(9)所示，宾语"头""酒"只是前动词的宾语，补语"破""醉"没有任何使动意义。这类说法在现代汉语的一些方言中还有所保留。如例(10)所示，吴方言中的"烧伊酥""晒伊干"

即表示“烤酥它”“晒干它”的意思。该语序表明，宾语仅与前动词保持动作–受事关系，补语已失去了使动意义。

（9）a. 齐桓公饮酒醉。（《韩非子·难二》）

b. 丞相奏事毕。（《史记·张丞相列传》）

c. 寻伤左臂，复打头破。（姚秦·竺佛念译《山曜经》）

（10）a. 烧伊酥。

b. 晒伊干。（吴方言）

赵长才（2000）进一步论证了在使动用法衰退后，古汉语的动词连用结构如何进一步发展为分离型动结式。在上古汉语的多动共宾结构V1+V2+O中，无论V2是行为动词，还是状态动词，都是具有及物性的他动词，表达的是使动意义（如3b）。宾语O在这类结构中既是前动词V1的宾语，也是后动词V2的宾语，处于两个动词的共同管辖之下。但是自魏晋南北朝以来，处于V2位置的动词（如：“杀”“得”“取”“见”）逐渐改变了语法性质，由及物的他动词演变为不及物的自动词，使动用法消失。这意味着宾语O不再与V2存在管辖关系，而仅与V1保持管辖关系。为了满足辖域的局域性（locality）要求，宾语O倾向于跨越补语V2，与V1紧邻，形成V1+O+V2/VOR语序[1]。

1. 文献通常用 VOC 或 VOR 表示分离型动结式。为了与上文叙述一致，此处仍使用 V2 表示已失去使动用法的补语，用 V1+V2+O 表示常规的动结式。当然，这类包含自动义 V2 的结构并非中古时期的完全创新，而是自上古汉语就存在，体现了与包含使动 V2 的多动共宾结构的系统对立。只是在使动形态标记脱落后，前者在理论上更倾向于呈 V1+O+V2 语序。

然而，实际情况并非完全如此。大多数V1+V2+O并没有转变为相应的V1+O+V2。那么，为什么在表层词序上，前动词的宾语仍然出现在了补语的后面？原因有多种。其中一个重要因素可能是来自韵律的影响（徐通锵，1998；赵长才，2000；石毓智，2005；冯胜利，2016）。如果V1仍是单音节，而宾语是由两个单音节语素组成的一个结构单位，如“推寡人高”“减田租轻”“推孝惠堕”，那么在VOR组合中，就会出现音步、语义和句子构造规则之间不协调的问题。通过将宾语与补语的位置对调，或者引入“把/将”等字将宾语调整至谓语之前，就能使VR构成一个双音节音步，既可以满足韵律的要求，又准确地表达了意思，如“推高寡人”“减轻田租”“推堕孝惠”。由此可见，汉语的双音节化要求迫使V1V2紧密地结合在一起，再加上核心重音指派原则的作用，V1V2/VR凝固化的趋势十分强大，往往被视为一个整体结构。总之，由于基本单位的双音节化，语辞组配上出现了音步、语义序列与使动结构规则之间的多重矛盾。动词及其宾语的次序不断发生变化和调整，逐渐形成“打破头”这样的表达。可以说，是韵律的要求促使动词与表示结果的补语结合，产生了现代汉语动结式[1]。虽然使动形态标记脱落后，V2的语法地位发生了变化，由原来与V1的并列连动关系变为从属于V1的动补关系，但是在结构形式上，V1V2(VR)作为一个完整而连贯的序列并没有改变。

总体而言，现代汉语使用的VRO结构可能是两种路径发展的

1. 这种双音化趋势为何是从名词开始的，以及为什么是宾语的双音化促使谓语的双音化还有待于进一步研究。

结果。以自动词为补语的动结式更多地呈分离型VOR语序；以使动词为补语的动结式原属于多动共宾V1+(而)+V2+O结构。前者在双音节化的驱动下发生语序调整，补语提升后，与前动词融合(incorprate)为动结复合词(如："喝醉""打破""砍断")。后者[1]直接经连词省略，得到Vt+V2(R)+O形式，使动形态标记脱落后，重新分析为以自动词为补语的动结式VRO(如："射中""饿死""打败")。

纵观动词连用结构的演化历程可以发现，连词和使动形态标记的脱落是现代汉语复杂谓语结构产生的主要动因。一方面，汉语最小的韵律单位从单音节向双音节发展，再加上重音指派原则等因素的影响，连词大量省略。另一方面，单音节语素的使动形态标记逐渐脱落，取而代之的是由多个语素组合而成的谓语结构。这两方面的重大转变推动上古汉语的多动共宾结构逐步发展成了现代汉语的复杂谓语结构。当然，一个必要前提是发生了小句整合。两汉以后，韵律的双音节化促使小句之间的整合进一步加剧。经小句整合的结构通常只表达一个单一事件，只具有一种时体特征(高增霞，2007)，是语法化的一种结果。对于动词连用结构而言，前动词虚化促使兼语式或状中结构大量出现；后动词虚化推动现代汉语连动式产生。可以说，只有发生了小句整合，连词脱落才会产生新的句式；否则，连词省略的结果可能只是一些并列结构(如："唱歌跳

1. 还有一部分多动共宾结构 V1+(而)+V2+O 在连词省略后，可能最终没能发展为动结式，而是演变成了双音节的复合动词(如："侵夺""斩杀""收养")(石毓智，2005)。

舞”“节衣缩食”）。

总之，诸多证据显示，现代汉语连动式、兼语式和动结式具有共同的历史渊源和演变机制，都是动词连用/多动共宾结构在小句整合的作用下发展而来的。这是本书对上述结构进行统一分析的重要理据。

1.4 本书议题

如何依据主语–谓语框架划定句子这一级语言单位？这一问题在现代汉语复杂谓语结构中尤为突出。这类结构的一大特点是谓语部分包含多个成分，以单句的形式表达了多重命题。长期以来，学界对其性质争论不休。一方面强调复杂谓语结构与复合句存在本质差异，应被纳入简单句的范畴；另一方面又发现其核心难以判断，与一般的简单句有所不同。句子在印欧语中是一个现成的单位。一个简单句通常包含一个主语和一个谓语，以某个动词性成分为核心，整体呈现出单中心语的特点。然而，句子在汉语中并不是一个现成的单位(例如：古汉语没有句界符号)。我们应依据什么标准确定主语、谓语及其核心？以单中心语为基础的主–谓句子框架能否充分解释类型不同的语言值得商榷。本书将依据形式语言学的动态生成模式，摆脱语言表层形式的束缚，探究结构内在的生成机制，以期对不同类型的语言结构提供统一的解释。

此外，复杂谓语结构中的论元共享现象给句法–语义接口研究带来了挑战。理性主义语言观认为，语言形式与意义之间应当保持某种对应关系。在语素层面，只有当一串语音符号与一个确定的意义对应之后，才能获得一个所指。任何观念上的差别，只要被人们感觉到，就会找到不同的语音形式表达出来，但凡是两个语音符号，它们一定相互对立，各有所指和能指(索绪尔，1980)。根据索绪尔的语言符号观可以得知，语言成分具有排他性，一个成分表示的是另一个成分无法表示的功能：无他不可，但有你无我。这自然要求形式与意义之间建立一对一关系[1]。在结构层面，句法形式和语义内容之间也同样存在这种对应关系。英、汉等多种语言显示，具有不同语义角色的成分占据不同的句法位置。这种映射(mapping)关系一经形成就比较稳固，从而可以确保句法结构与语义内容具有同构性(isomorphism)[2]。

在此基础上，形式语言学家提出了题元理论，从语义信息中抽象出了一套可以用于分析句法成分的语义角色——题元角色。题元角色在数量上是有限的(主要有施事、受事、工具等)，界限上是清晰的(Chomksy，1981)，具有完全性、唯一性、区分性及离散性等

1. 虽然任何一种语言都存在同音异义（如：汉语中的“卓”“浊”，英语中的 right 和 write）和异形同义现象，但这些都是概率较低的特殊情况，属于外化语言的不完美之处。

2. 如果不预设句法和语义范畴总体上保持一一对应关系，就会在解释句法与语义之间的互动关系时出现模糊和混乱。当然，鉴于句法知识和命题知识在本质上的差异，表征的语法模块也不同，没有任何先验的理由证明命题结构和句法结构一定要同构。但可以肯定的是，否认句法与语义同构就必须假设有一个独立的语义部分。这显然增加了句法运算的复杂性。因此，语义与句法之间是否同构是衡量不同语法分析是否经济的重要指标之一（Hoekstra & Mulder，1990）。

原子特征。经典的内在主义语言观认为，题元角色与结构位置之间处于一种单层次的(monostratal)、一对一的同构关系中。为了联系语义内容、实现对句法结构的约束，论元与题元角色之间通常保持一一对应关系。

(11) 题元准则

a. 每个题元角色必须指派给一个论元；

b. 每个论元必须且只能得到一个题元角色。(Haegeman，1994：54)

正是通过这种对应关系，题元准则确保了一个句法成分表达一个确定的意义，在探求句法–语义关系的研究中发挥着基础性作用。

然而，在复杂谓语结构中，多个谓语动词往往共享同一个论元(通常体现为主语或宾语)。例如，例(1a)“我去市场买菜”中的论元“我”既承担前动词“去”赋予的施事题元角色，又兼任了后动词“买菜”指派的施事题元角色。这种一身兼二职的现象违反了题元准则。

对于这一问题，学界存在不同看法。一派认为题元理论自身存在局限；题元准则所提出的一对一关系只是一种初级、简化的认知层次，不适合解释更复杂的语言现象。而另一派认为题元理论是连接句法与语义的重要枢纽；题元准则发挥着关键作用，是语法分析应始终遵循的基本原则。本书支持后者。如上文所述，无论在语素层面，还是结构层面，一一对应是形式与意义相互联系的参照点。题元理论在句法–语义界面研究中起着不可替代的作用。一旦忽视了题元准则，形式结构、语义内容以及语法功能之间就会出现不必要的模糊和混乱，无法达到理性分析所要求的清晰性和精准性。那么，复杂谓语结构中的论元共享与题元准则之间的矛盾当如何解决？本书将从语音-语义界面的不平衡性角度着手，挖掘论元共享现象产生的根源，并在分析复杂谓语结构的生成过程中探寻论元共享问题的解决方案。

从动结复合词到连动句式，复杂谓语结构牵涉到词汇、句法等不同的语言层面。已有研究往往立足于某个单一的层面，尚未对这类结构的整体情况进行全面、系统的考察。分布式形态学的研究理念打通了词法与句法的界限，对于类型不同的语言成分可以提供统一解释。本书将以此为理论依据，从语素这一级语言单位着手，对复杂谓语结构的构造过程及相关问题进行系统阐释。语素合并首先生成词，而后递归式地(recursively)合并生成语段，最后多个语段进一步合并，生成复杂谓语句。这种超越不同层面的构造模式具有更强的解释力，可驾驭不同语言的特点，不仅适用于英语这种词、句界限分明的字母语言，还可以更好地解决汉语因词、句界限不明引发的一系列问题。

1.5 小结

本章指出了复杂谓语结构的研究价值、历史由来、命名理据，以及相关研究议题。全书内容编排如下：第二章阐明现代汉语复杂谓语结构的定义，划定这类结构与其他易混淆结构的界限。第三章归纳复杂谓语结构在句法和语义方面的共性特征，提出论元共享是贯穿全书的主线。第四章综述了不同流派对论元共享问题的研究要旨。第五章以形式语言学的研究理念为指导，参照语段理论、事件结构理论以及分布式形态学的基本假设，提炼出分析复杂谓语结构的理论框架。第六章提出语素合并分析法，对复杂谓语结构的构造过程进行全面的阐释，同时探寻谓语核心不明及论元共享等问题的解决方案。第七章应用语素合并分析法进一步解释其他语言中的相关结构，以验证理论分析的普适性。第八章总结和回顾全书的主要内容、创新观点以及研究价值，并对未来研究趋势进行展望。

第二章

现代汉语复杂谓语结构概述

第二章　现代汉语复杂谓语结构概述

什么是复杂谓语结构？这类结构与现代汉语中的动结式、连动式、兼语式以及“有”字句和“是”字句等特殊句式有何异同？本章首先阐明现代汉语复杂谓语结构的定义，划清这类结构与复合句、双宾句等易混淆结构的界限，而后基于原型理论（prototype theory）区分出典型成员和非典型成员，并以论元共享为视角对结构的分类进行系统归纳。

2.1　复杂谓语结构的定义

对复杂谓语的研究首先应确定什么是“谓语”。这一概念在语言学中主要指小句或句子的一部分，表示对主语的陈述或称说（Matthews，1997）。通常认为，主语比谓语更加有定、确定（Jespersen，1924）。在形式语义学中，谓语是一种不饱和性（unsatured）表达，必须与个体组合起来才能形成一个命题（Bowers，2013）。在形式句法学中，谓语最典型的实现形式是动词短语，与作为主语的名词（短语）合并后才能构成一个完整的句子。例如，英语“John bought a book.”一句中，谓语是bought a book而不仅是bought。但这并不意味着谓语bought a book比John went中的谓语went

更复杂。Amberber，Baker & Harvey(2010)认为，谓语复杂与否主要是从谓语的中心语角度看的；因此，复杂谓语更准确的名称应当是具有复杂中心语的谓语结构。

在汉语中，对于什么是复杂的谓语，吕叔湘(1953：72)是这样描述的：“一个谓语里要是包含了两个或更多的动词，这个谓语就复杂了。”这类结构主要包括“你喝一口尝尝”这类两个动词陈述同一个主语的情况和“他叫你明天早点去”这类两个动词陈述不同主语的情况。但是张志公(1953)认为，谓语部分的两个动词必须陈述同一个主语，且在时间上存在先后顺序，表示一种连续的动作，甚至是有因果关系的连续动作。依据后者的标准，“他叫你明天早点去”这类典型特征结构被排除。显然，这种基于语义指称的定义难免有些狭隘。

后续研究开始更多关注谓语内部的特点。吕冀平(1958：6)提出，构成复杂谓语的“几个动词(包括形容词)可以连续说下去，中间没有停顿，也很难分轻重”。这类结构涉及不止一个谓语，主要包括连动式、兼语式和一些表达动作/方式–结果关系的句式(吕冀平，1958)。与之不同，黄伯荣(1963)强调，复杂谓语属于单句的一个类别，与涉及多个谓语的复句存在本质差异。无论是哪种观点，上述定义均没有包含动结式，一个原因可能是将其纳入了复合词的范畴。Li & Thompson(1981)就持这种观点，将形如例(1e–h)的结构称为动补复合词，而将例(1a–d)类句子统称为连动结构，他们认为连动结构由两个以上的动词短语或并列小句构成，没有任何标记表明它们之间存在什么关系。这些动词短语表达的都是整个事件或状态中相互联系的几个部分，具体分为四种类型：(i)两个以上的独立事件；(ii)主谓主语句或主谓宾语句；(iii)兼语句；(iv)描述型小句(Li & Thompson，1981：594)。朱德熙(1982)将有关现象称为连谓结构，以V1+N+V2句式统称谓词或谓词连用的格式。这类结构主要包括兼语式和连动式，但同时囊括了前动词带“着”或“了”的情况，以及由“来”“去”“有”和“给”组成的结构。从表层语序上看，这些结构颇为相似，但是深入分析发现，它们存在本质差异。例如，主谓主语句或主谓宾语句实际上属于包含内嵌小句的复句结构，与只表达一个单一事件的单句还是存在很大差别的。此外，“开着窗子睡觉”这类前、后动词存在从属关系的结构显然也不属于复杂谓语结构(吕叔湘，1953)。总之，从纯形式角度的定义往往过于宽泛，容易将一些存在底层差异的结构相互混淆。

高增霞(2007)将形式和意义两方面的指标结合起来，用连动式来指称谓语部分连续出现两个以上动词的情况：这些动词之间没有停顿，没有连接词，不是并列、修饰或动宾关系，陈述的是同一个主语。由于该定义侧重于主语共享的情况，汉语的兼语式和动结式都被排除在外。相比之下，其他语言的连动结构(Aikhenvad & Dixon，2006)范围更广，至少包括带有结果补语的结构(类似汉语动结式)。

总体而言，虽然不同学者对例(1)各句的命名和探讨范围不尽相同，但是普遍认为，“单句、单事件、谓语复杂”是这类结构的共同特征(吕冀平，1958；黄伯荣，1963；Li & Thompson，1981；朱德熙，1985；吕叔湘、朱德熙，1952)。此外，已有研究强调，构成复杂谓语的成分(通常是动词，也包括形容词)之间没有停顿，也没有任何表示它们之间相互关系的语法标记。这些成分在功能上无主次之分，不存在并列或从属关系，位序也不能互换，只有一种语调，一种时体和情态特征，构成的是单一事件，至少共享一个论元(张志公，1953；丁声树，等，1961；Collins，1997；Aikhenvad & Dixon，2006；高增霞，2007)。

据此，本书对复杂谓语结构的定义如下：

(12) 复杂谓语结构的定义

复杂谓语结构形如N1V1(N2)V2/A(N3)，由两个以上的动词或形容词构成，成分之间没有停顿或连词，表达单一事件，且普遍存在论元共享现象。

在表层形式上，有些谓词性成分紧邻(如：VVO“去市场买菜”和VAO“打破头”)，有些间隔一个名词(如：VOV“劝我退休”“倒水喝”)，然而，这些成分之间既没有连词，也没有语音停顿，更没有任何语法标记显示它们之间的关系。

在语法功能上，这些谓词性成分地位平等，无主次之分，但位序固定，不可互换，且不存在并列(如：联合谓语)或从属(如：动宾、状中、修饰或内嵌关系)等关系。整个句子只有一种时体特征和情态特征，通常共享一个论元。论元共享是复杂谓语结构的定义性特征之一(Collins，1997；Aikhenvad & Dixon，2006)(原著称为“动结式”)。

在语义内容上，动作行为发生的时间顺序存在先后之别，可表达承接、延伸、目的、致使或因果等语义关系。第二个谓词性成分[1]表达的活动或状态可能已实现，也可能尚未实现。

目前学界分别用连动式、兼语式、动结式这三类结构来指称例(1)各句，但是本研究认为，这些结构的差异仅限于表层形式，其底层构造基本一致(都是由同一种结构演化而来)，特别是在论元共享方面，三类结构高度相似，应当以统一的方式进行分析。

2.2 复杂谓语结构的范围

黄伯荣(1963)提出“复杂谓语”这一术语时就明确强调，该结构属于单句，与复合句、紧缩句(省略了连词的复合句)，以及并列结构作谓语、介词短语作状语、动词作宾语的句子存在本质差异，如例(13)所示。

(13) a. 紧缩句：你越说他越不听。/不说不知道。

b. 复合句：我希望她早点来。/我尝尝你做的糕点好不好吃。

c. 并列结构作谓语：我们唱歌跳舞。/我们节衣缩食。

d. 介词短语作状语或补语：他住在西安。/我们把背景涂成红色。

e. 动词作宾语：她们学会了射击。/他喜欢跑步。

1. 为了便于说明问题，我们把讨论的范围限制在只包含两个谓词性成分的复杂谓语结构里。

鉴于此，本书对复杂谓语的探讨不涉及复合句、包含宾语的从句，以及带有状语的单句。此外，本书不赞成吕冀平(1958)将“听着不痛快”“坐着不舒服”“这些课本带着又那么重”这类句子纳入复杂谓语的范畴，因为前、后两个谓词性成分有主次之分，更像是表示因果关系的紧缩句(具体见例17b)。由于这些句子在表层形式上与复杂谓语极其相似，为了便于后续讨论，本节首先划定研究范围，阐述复杂谓语句与一些易混淆结构的区别。

2.2.1 复杂谓语结构与复合句

由两个以上的分句或子句构成的句子被称为复合句(吕叔湘，1953；朱德熙，1982)。分句之间可能用连词连接，也可能什么语法标记都没有，但是它们之间一定存在某种语义关系，如：并列、转折、因果、假设等关系。其中，最容易与复杂谓语结构混淆的类型大致可归纳为三种：并列、内嵌和从属。本节主要从这三类语义关系着手，探讨其与复杂谓语结构的差别。并列关系主要体现为语法地位和结构形式上完全等同或意义上完全相对的一系列从句(包括连用的一连串动词短语)，如例(14)所示；内嵌关系主要体现为主谓短语作宾语或主语的句子(即包孕句)，如例(15)所示；从属关系主要体现为省略了连词的原因从句和结果从句等，如例(17)所示。

(14) a. 大家一边吃饭，一边聊天。

b. 张三既想睡觉，又想吃东西。

c. 稻子收好了，麦垄种完了，口粮柴草分到了。

在并列复句中，各谓词性成分之间句法地位平等，无主次之分，可以被隔开，也可以相互调换位置，允许语音停顿或连词插入。由于每个谓词性成分都构成了独立的分句，整个句子是由多个分句组成的复合句。例如，在例(14a)“大家一边吃饭，一边聊天”中，各谓词性成分之前不仅出现了连词“一边”，而且可以相互调换顺序(如：“大家一边聊天，一边吃饭。”)，属于由两个并列关系的分句构成的复合句。与之类似的还有并列结构作谓语的情况。在“我们唱歌跳舞”这类句子中，虽然内部一般不允许停顿，但是可以插入连词(如：“我们一边唱歌一边跳舞。”)，各并列成分之间也可以调换顺序(如：“我们跳舞唱歌。”)。在例(14c)和“穿上衣服跳下床”这类具有时序特点的句子中，前后两个动词的顺序虽然不能调换，但是它们句法地位独立，允许连词插入(如：“先穿上衣服再跳下床。”)。

参照定义(12)可以看出，复杂谓语句与上述结构存在系统差异。复杂谓语的内部成分之间虽然地位平等，但是不能被隔开，也不能相互调换位置，更不允许语音停顿或连词插入。如，例(1a)“我去市场买菜”不能说成“我买菜去市场”。如果将连词插入例(1)各句中，要么结果完全不可接受，出现“*厂长一边派我一边去北京”“*他又哭又累了”这类不合语法的句子；要么意义和性质发生改变。例如，“他一边倒水一边喝”虽然成立，但是其语法属性与原句“他倒水喝”相去甚远。

在具有内嵌关系的复句中，主谓短语作主语(即包含主语从句)的情况如例(15a)所示。这类句子内部通常允许停顿，例如，“我参军|是自愿的”。根据定义(12)，复杂谓语结构内部不允许任何

停顿。因此，二者差异显著。虽然主谓短语作宾语(即包含宾语从句)的复句(15b)一般不允许多个谓词性成分之间出现停顿，但是它们可以具有不同的时体特征，例如，“我昨天就知道他今天不会来”。此外，内嵌宾语从句的位置也比较灵活，通常可以作为一个整体被前置，出现在句首位置。这一属性是其与兼语式的根本区别之一。如例(16)所示，“他明天不会来”作为一个命题可以内嵌在前动词“知道”的宾语位置充当宾语从句(16a)，也可以被前置到句首。相比之下，例(16b)中“鼓励他报名”一旦被前置，句子就不通顺了(16b’)。总之，复杂谓语句与内嵌复句虽然在形式上有很多相似之处，但是在本质上属于语法性质不同的结构。

(15) a. 主谓短语作主语：我参军是自愿的。

b. 主谓短语作宾语：我知道他明天不会来。

(16) a. 我知道他明天不会来。

a’. 他明天不会来，我知道。

b. 老师鼓励他报名参赛。(兼语式)

b’. *他报名参赛，老师鼓励。

在具有从属关系的复句中，最难与复杂谓语结构区分的是第二个谓词性成分表示原因的情况，如例(17a)所示。相当一部分学者将其纳入了复杂谓语(兼语式)的范畴(Li & Thompson，1981；朱德熙，1982；邢欣，2004)。

（17）a. N1+V1+N2+A

我夸他聪明。/我喜欢他直爽。/我笑他傻。/（这）怪你自己粗心。

N1+V1+N2+V2+N3

（我）多谢你告诉我这个消息。（原因复句）

b. N1+V+A

我看了/着不舒服。/听了/着高兴。（结果复句）

c. N1+V1+V2

我住在这儿跟他们打交道。（目的复句）

然而，系统对比发现，这类句子与兼语式（如：“厂长派我去北京。”）存在一定差异。首先，前动词的语法性质不同。抽取法（黄伯荣，1963）检测显示，例（17a）诸句的第一个动词短语具有很强的句法独立性，“我夸他”“我喜欢他”“我笑他”“怪你自己”“多谢你”经常单独使用。相比之下，兼语式的前动词难以独立成句。例如，“厂长派我”这种表达是不完整的，要么得补充成对比句“厂长派我不派他”，要么补充成兼语句“厂长派我去北京”。据此可以推断，例（17a）的前动词短语构成了独立的分句，与兼语式的情况完全不同。事实上，“夸他聪明”“喜欢他直爽”这类句子中的第二个谓词性成分更类似于省略了连词的原因状语从句。翻译成英语“(I) praised him for he is smart.（我夸他是因为他聪明。）”“(I) like him because he is straightforward.（我喜欢他是因为他直爽。）”后，这种语感就很明显了。因此，本书认为这类句子本质上属于由两个以上分句构成的原因复句。其次，时序特征不一致。在例（17a）中，前动词主要表达心理活动，动作义不强，缺乏明显的终结点(telicity)。在发生的时间顺序上，很难确定到底是前动词结束了后动词或形容词表达的动作或状态才发生，还是正好相反；也有可能两个动作或状态同时存在，相互伴随。无论哪种情况，例(17a)都与复杂谓语结构的时序特征不相契合。

此外，易与复杂谓语混淆的还有前动词V1后面带有“了”的结构。如例(17b)所示，“了”的使用意味着V1表达的动作行为完成后，补语表达的状态才能出现。基于这种时序特征，两个谓词性成分的顺序不能相互调换，这与复杂谓语结构确有相似之处。然而，二者的句法属性存在根本差异。例(17b)内部允许其他成分插入，在语法功能上体现出复合句的特性。如例(18)所示，插入连词“之后”或者“叫人”“很”“十分”“觉得”“感到”等其他成分后，得到的结构与结果复句十分接近。相比之下，复杂谓语结构不具备这种属性。如例(19)所示，连词插入之后，句子完全不可接受。可以看出，单句还是复句是复杂谓语结构与例(17b)最大的差别。此外，例(17b)不属于单句范畴的另一个原因是前后两个谓词性成分可以具有两种不同的时体特征。例如，V1“看”和“听”携带完成体标记“了”，表明动作已经完成，可能是现在的状况，也可能是过去的状况；而A“不舒服”和“高兴”表示的是V1发生后对当下造成的结果，因而只强调现在的一种状况。

(18) a. 看了之后不舒服。

b. 听了之后高兴。

c. 看了叫人/(觉得)很不舒服。

d. 听了叫人/(感到)十分高兴。

(19) a. *他倒水之后喝。

b. *厂长派我之后去北京。

c. *他哭之后累了。

除了上述情况，V1后附“了”的句子还包括例(20a)(20c)和(20e)。它们与复杂谓语结构都遵循时序原则。因而，朱德熙(1982)将其纳入了连谓结构的范畴。事实上，根据我们的语感，这类结构属于复合句，因为两个谓词性成分之间隐含了一些成分。如例(20b)(20d)和(20f)所示，插入“再”“还”“就”这类连词之后，句子更加通顺，意思也更加清晰、完整。这说明前后两个谓词性成分各自构成了独立的分句，整个句子是省略了连词的紧缩句。

(20) a. 吃了饭慢慢说。

b. 吃了饭再慢慢说。

c. 花了钱受气。

d. 花了钱还受气。

e. 过了春节回学校。

f. 过了春节就回学校。

紧缩句虽然在形式上与复杂谓语十分相像，但本质上仍属于复合句。连词被省略后，整个句子的长度缩减了，语音停顿也消失了，但是在其他方面，紧缩句几乎具备复句所有的特性，例如，各谓词之间存在假设、条件等关系，可以携带连词，也能够单独使用。相比之下，复杂谓语结构不具备这些属性。例如，

“再”“还”“就”等连词插入后，要么句子不合语法(21b–c)，要么意义彻底改变(21a)。

(21) a. 他倒(了)水再/就喝。≠他倒水喝。

b. *他劝了我再/还/就退休。

c. *他气了再/还/就哭。

(22) a. 他炒了一个菜很好吃。

b. 我碰到了一个外国人会说中国话。

c. 我打破了一个茶杯很值钱。

对于更多的省略或缩减句子成分的情况，我们可以采用分隔法进行鉴别。在例(22)诸句中插入一些成分，会发现各个谓词具有充分的句法独立性。例如，例(22a)相当于“他炒了一个菜，这个菜很好吃”；例(22b)可以说成“我碰到了一个外国人，他会说中国话”；例(22c)意为“我打破了一个茶杯，它很值钱”。这些句子不仅完全合乎语法，而且意义没有改变，甚至表达得更加充分。据此可以看出，第二个谓词类似后置定语从句，只不过其主语被省略了，形成了一种紧缩句式。因此，说例(22a–b)是紧缩句比说它们是连动结构(Li & Thompson，1981)更符合语感。在分隔法的操作下，复杂谓语结构要么不合语法，要么意义发生改变。如例(23)所示，插入一个内嵌主语后，例(23a)不合语法；例(23b)变成了排比式的强调句。总之，例(22)虽然与复杂谓语结构(尤其是兼语式)的外形极其相似，但是二者的语法属性完全不同。如果单句是界定复杂谓语结构的基本指标，那么例(17a–b)(20)和(22)这类从属复句及其紧缩形式就不应在讨论范围内。

(23) a. *他劝我我退休。

b. 他倒水(他)喝水。

在从属复句中，第二个谓词还可以表示目的，如例(17c)所示(转述为例24a)。朱德熙(1982)认为这类句子属于连谓结构。但是本研究发现，例(24a)的两个谓词之间允许语音停顿，且分离后，各个部分都是完整的句子，如“我住在这儿”和“跟他们打交道”，后者更像是前者的目的从句。

(24) a. 我住在这儿跟他们打交道。

b. 表姐留他过夜。

c. 我尝尝你做的糕点好不好吃。

(25) a. 我买票|*进去。

b. 他哭|*累了。

c. *他劝|我退休。他劝我|*退休。

相比之下，复杂谓语结构中的两个谓词性成分无法被这样分离。如例(25)所示，“我买票进去”被分离后，“进去”不是完整的句子(此处没有祈使语气)；“他哭”被分离后，“累了”也不能独立成句；无论怎样拆分“他劝我退休”这类句子，总有一个谓词性成分(“*他劝”或者“*退休”)无法独立成句。鉴于此，本书对复杂谓语的探讨暂不考虑例(24a)这种情况。此外，包含目的从句的结构还存在更多变体。如例(24b–c)所示，“他”和“糕点”分别被两个谓词共享。这类存在论元共享的复合句最容易与复杂谓语混淆，但是仔细对比发现，两个谓词之间允许停顿，且第二个谓词的目的性很强，实际与例(24a)同属目的复句。

总体而言，根据(26)所列标准，复杂谓语结构可以与复合句及其诸多变体区分开来。(对于前者，以下标准均为“否”；对于后者，以下标准均为“能”。)

(26) 复杂谓语结构与复合句的区分标准：

(i)谓词性成分之间能否可以停顿或相互分离；

(ii)谓词性成分之间能否允许其他成分插入；

(iii)谓词性成分能否相互调换顺序；

(iv)谓词性成分能否具有不同的时体特征。

最后还需指出，Li & Thompson(1981)提到了一类条件型连动结构，如：“他念书很认真。”“我一个人晚上出去很害怕。”本书认为这类结构中的第一个谓词(如：“念书”“一个人晚上出去”)属于对一类事件的泛称，第二个谓词是对前面提及的事件的断言或描述。在这种句式框架内，第一个谓词已具备了名物化的诸多属性，本质上像动词拷贝结构(如：“他喝酒喝醉了。”)一样，属于话题句的一个类别(高增霞，2007)，与复杂谓语结构已貌合神离了。

2.2.2 复杂谓语结构与包含状语的句式

朱德熙(1982)在介绍连谓结构时提到了一类V1后附“着”的句

子。如例(27a–d)所示，前动词(如："躺""蒙""提""变")表示动作行为，后面带有"着"字。"V1着"结构相当于伴随状语，谓语的核心落在后动词短语上。整个句子属于包含状语的简单句(类似于状中结构)。正是由于前后两个动词的句法地位不平等，核心单一，这类句子与复杂谓语结构存在本质差异。

(27) a. 躺着看书。

b. 蒙着头开着窗户睡觉。

c. 提着箱子上飞机。

d. 变着法儿哄她。

e. 留着喂猫。

对于例(27e)而言，虽然V1后面也附带"着"字，但是"V1着"结构已不是状语，而是谓语的核心。相对而言，后动词"喂猫"表达的是前动词的目的。整个句子更像是经过高频使用后形成的固化结构，例如："V(搁/放……)着不……""V1着/了V2""走/等着瞧""V着……(玩儿)""闹着要V……"。总之，一些包含"V1着"的结构看似与复杂谓语的表层语序相似，但是二者的底层结构差别显著。

同理，介词短语作状语或补语的句子也不同于复杂谓语结构。由于汉语的介词普遍由动词发展而来，一些历时研究倾向于把包含介词短语的句子视为多个动词连用的情况。就共时研究来看，介词短语与动词短语的地位明显不对称。前者通常被视为动词的修饰性成分，处于从属地位，如"跟你开玩笑"中的"跟你"和"把这首诗抄下来”中的“把这首诗”。显然，这类句子的谓语部分只有一个中心语，与多中心语的复杂谓语结构类型迥异。

2.2.3 复杂谓语结构与一些特殊句式

一些学者在介绍兼语句时，将例(28)这类句子纳入了讨论范围(黎锦熙，1924；黄伯荣，1963；吕叔湘，1980；王力，1989；范晓，1991；邢欣，1995)。事实上，称它们为双宾结构更加合适。首先，例(28a)中的谓语并不复杂，只有一个动词“叫”；复杂的是宾语部分，“他”和“万事通”都是“叫”的宾语(一个间宾，一个直宾)，属于典型的双宾结构。既然不存在多个谓词性成分，也就不属于复杂谓语。其次，例(28b)这种称说类结构与双宾句的基本构造是一致的。从题元关系角度看，“他”和“启蒙老师”都是“称”的宾语，“为”的功能类似于判断动词“是”，可以省略，省略后的形式与例(23a)完全一致。

(28) a. 同学叫他万事通。

b. 我们称他为启蒙老师。

此外，朱德熙(1982)将“有”字句和“是”字句(如例29–30所示)也划入了复杂谓语(原著称为“连谓”)的范畴。“有”字在现代汉语中的用法尤为独特，其所构成的句式不便与其他类型的句子一并而论，本书暂不予以讨论。对于“是”字句而言，学界目前普遍将其作为一种强调句式来研究。例如，例(30a–b)可转换为“把电视机弄坏的是他”和“把他请去的是当地的一所中学”。“是”字的这种独特功能不是复杂谓语结构普遍具备的。本书也不作讨论。

(29)“有”字句：

a. 有办法解决=有解决的办法。

b. 有饭吃。

c. 他有一个朋友会开飞机。

d. 有话慢慢说/有事找老王。(假设关系)

e. 有病不能来。(因果关系)

(30)“是”字句：

a. 是他把电视机弄坏了/的。

b. 是当地的一所中学把他请去的。

综上，例(13–30)各类句子至少在某一个重要方面不符合复杂谓语结构的特性(详见3.1.3节)，不在本书的讨论范围内。

2.3 复杂谓语结构的分类

复杂谓语的研究范围确定之后，还需澄清典型性(prototypicality)的问题。任何一个范畴都具有典型性，语法范畴也不例外。由于范畴的界定通常需要一组特征来完成，有些成员具备的特征强一些、多一些，被视为典型成员；有些具备的特征弱一些、少一些，被视为非典型成员。典型成员和非典型成员形成一个连续统

（continuum），前者处于核心地位，后者处于边缘地位。在家族相似性上，同一个范畴内的成员只有度的差异，没有质的差别，它们之间的关系不是离散的。因此，范畴的边界不是绝对清晰的，不会如“非此即彼”那样明确。例如，在词类这样一个语法范畴内，不同词类的典型成员之间存在质的区别，但是同一词类内部的成员之间并没有截然的分界，总体呈现出一种非离散的状态。复杂谓语结构同样如此。其成员在典型性上也呈现出一种连续统一的特点。在语言的使用过程中，有些句子的特点十分鲜明，很容易被判断为具有复杂谓语结构，因为它们突显了定义性特征，属于典型成员；而有些句子并不容易识别，稍有不慎就会与其他结构，如复合句相混淆。这是由于非典型成员的定义性特征较少或较弱造成的。鉴于此，本书在对复杂谓语结构进行分类时，优先考虑典型成员。

2.3.1 典型成员

论元共享是复杂谓语结构的定义性特征，也是本书讨论的主要议题。本书不再拘泥于传统研究提出的“连动式”“兼语式”“动结式”等名称，而以论元被共享的具体情况为指标对复杂谓语结构进行分类。

(31) I. 外论元共享型

a. 我买票进去。/他上楼睡觉。（承接关系）

b. 我去市场买菜。/我们买票看电影。（目的关系）

c. 他哭累了。/她唱哭了。/他看烦了（这本书）。（因果关系）

II. 内–外论元同时共享型

a. 他倒水喝。/大家挣一碗饭吃。(延伸关系)

b. 我们找个人问问。/我们种那种菜吃。(目的关系)

III. 内–外论元递接共享型

a. 他劝我退休。/厂长派我去北京。(致使关系)

b. 他打死了一只苍蝇。/洗干净了衣服。/踢破了球。(因果关系)

如例(31)所示，根据共享论元的具体类型，典型的复杂谓语结构总体上可分为三类：I.外论元共享型、II.内–外论元同时共享型和III.内–外论元递接共享型。无论谓语部分是由两个及物动词构成，还是由两个不及物动词(或形容词)构成，只要它们的外论元指向同一个人或事物，都属于第I类。如果谓语部分由两个及物动词构成，且同时共享内论元和外论元，即属于第II类。同理，无论前动词是二价还是三价，只要其内论元与第二个谓词性成分(无论是一价还是二价)的外论元同指，即属于第III类。在这三类结构中，谓词性成分之间既可能存在承接或延伸关系，也可能存在目的、致使或因果关系，但只要时态单一，遵循基本的时序原则(PTS)(详见3.2.1节)，且至少共享一个论元，所形成的结构就属于典型成员。

2.3.2 非典型成员

在非典型的复杂谓语结构中，论元共享也存在不同的情况，既有外论元共享(例32I)，也有内–外论元递接共享(例32II)，还存在无论元共享的情况(例32III)。例(32Ia)的前动词表示活动类(activities)

事件，后动词必须附带“了”，表示达成类(achievements)事件。例(32Ib–d)和例(32II)中的两个动词都表示活动类事件，但是发生的时间顺序不明，突显了它们作为边缘成员的特点。这种在发生时间上出现重合的情况实际上是从不同侧面对同一个事件的描述(李可胜、满海霞，2015)，因而相关结构不具有显著的时序特征，属于非典型的复杂谓语结构。

(32) I. 外论元共享型

a. 我弟弟开车出去了。/我今天上班迟到了。

b. 喝点酒壮壮胆。

c. 他们需要一个夹子夹核桃。

d. 他骑车去广场/进入广场。

II. 内–外论元递接共享型

a. 他陪我吃饭。

b. 他帮我打电话。

c. 我们选他当班长。

d. 他教我写字。

e. 他学我弹琴。

f. 我找学生教(我)。

g. 留个人看屋子。

III. 无论元共享

a. 他喊哑了嗓子。

b. 他唱哭了观众。

c. 她哭湿了手帕。

d. 他哭烦/哭醒了保姆。

e. 她踢破了鞋子。

f. 狱警看跑了一个俘虏。/我浇死了四棵桃树。

g. 张三吃穷了李四。/这盘菜炒咸了。

为了便于深入研究，第六章对复杂谓语结构的生成研究主要围绕典型成员展开，对于非典型成员则不作重点探讨。此外，鉴于论元共享是复杂谓语结构的定义性特征，本书主要考察存在论元共享的复杂谓语结构，对于例(32III)这类无论元共享的情况暂不予以探讨。

2.4 小结

鉴于学界对复杂谓语结构的命名及涵盖范围尚存争议，本章首先对研究对象进行了界定，而后通过对比该结构与易混淆结构的差异，划定了研究范围。最后在范畴典型性的基础上对复杂谓语结构进行了分类。

第三章

现代汉语复杂谓语结构的特点

句法特点 /

语义特点 /

小 结 /

第三章　现代汉语复杂谓语结构的特点

复杂谓语结构之所以得以统一命名，在于其本质上存在诸多共性。本章系统归纳该结构在句法属性和语义内容方面的共同特征。复杂谓语结构是具有多重谓词性成分的简单句，其语序固定、时态单一，谓词性成分之间存在一定的语义关系，遵循基本的时序原则，通常共享一个或多个论元。论元共享不仅是复杂谓语结构的定义性特征，而且给语法分析造成了诸多困难，是贯穿全书的主线。

3.1　句法特点

3.1.1　单句属性

复杂谓语结构是简单句还是复合句？这一问题在学界一直存在争议。总体而言，主流观点认为这类结构属于简单句。

一方面，复杂谓语结构的谓语部分比较复杂，各个成分具有一定的独立性，可以单独充当一个句子的谓语(例如：“我们找个人问问”一句中，“找个人”是一个动词短语，在“我找个人”一句中充当了谓语，而“问问”也是一个动词短语，在“他问问妈妈”一句中同样充当了谓语)，无论在句法形式还是语义内容上，都与

“我们唱歌”这类一般的简单句有所不同。而另一方面，复杂谓语结构中，所有谓词性成分放在一起只表述了一个事件，与包含两个独立事件的复合句存在本质差异。从事件结构角度看，复杂谓语结构虽然表达的是一种复杂事件(complex event)(Aikhenvad & Dixon，2006)，但并不等同于多个谓语的加合。谓语部分因包含了多个中心而变得复杂，但是整个结构仍属于单一谓语，只不过在表层形式上体现为一种动词连用的结构框架而已，类似于一种复合谓语。例如，为了确保整个结构具有单一的时体特性和事件结构，后动词的宾语如果与前动词的相同就必须省略。省略的部分不能用回指代词，更不能重复(高增霞，2007)，否则就变成了两个具有并列关系的分句。如例(33)所示，“你去找个人问问”的后动词补出一个复指代词“他”之后，句子之间就必须加上逗号，表明是两个分句。“做饭吃”的后动词补出省略的同指宾语“饭”之后，变成了并列复句。

(33) a. 你去找个人，问问这个人(他)。

b. 做饭吃饭。

相比之下，“唱歌跳舞”这类并列谓语句、“我参军是自愿的”和“我知道他明天不会来”这类主谓短语做主语或宾语的句子都表达了多个事件，可以体现为多种时态，属于包含多个独立谓语的复合句，与复杂谓语的基本属性相去甚远。鉴于此，吕冀平(1958)、黄伯荣(1963)和吕叔湘、朱德熙(2013)等学者强调，复杂谓语结构通常只具有一种时体特征，只具有一种语调，属于简单句的一种。

针对上述争议，高增霞(2007)提出，复杂谓语结构(主要指连动式)属于介于简单句和复合句之间的一种过渡结构。从历时演变的角度看，复杂谓语的产生可能与小句整合有密切关系，属于从两个并行的小句向一个简单句发展的中间环节。然而，共时层面的分析需要对语言现象进行清晰的界定。“介于简单句和复合句之间的过渡结构”的说法除了对复杂谓语的句法地位赋予了很大的特殊性，没有为语法研究提供建设性的方案。事实上，“过渡结构”“中间环节”在语法属性上模棱两可，反映了汉语句子界限不清这一根本问题(徐通锵，2005)。[1]第六章将运用语段理论探求这一问题的解决方案。总体而言，本书认为复杂谓语结构属于简单句的范畴，下文主要在这一范围内进行探讨。

3.1.2 多重核心

复杂谓语结构通常包含多个谓词性成分。各个谓词性成分的句法地位平等，无主次之分。虽然语义上的虚化可能会造成复杂谓语结构中的某些成分在动词的特性上相对较弱，在语法重心上居于次要地位(如：“叫他明天来”中的“叫”和“倒水喝”中的“喝”)，但是大部分情况下，谓语的各个构成成分在语法地位上并没有主次之分，更像是一种具有多个中心语的结构(Alsina et al.，1997；Amberber，Baker & Harvey，2010)。如何判断这类结构的核

1. 在英语不定式动词短语做宾补的结构中，也存在一个谓语部分包含两个以上动词的情况，但是因有时态标记的区分，对句子结构的分析不存在多中心语的问题。

心成为学界争论的焦点。

陈昌来(1988)认为，使动句是由致使动词带致事(也称使事，causer)构成的单动核结构。而范晓(1996：121)认为，使动句“表面上看似乎是只有一个动核结构，实际上它也是由S1和S2两个动核结构构成的”。由于兼语式普遍有致使意义，相关研究提出，谓语的核心应当由致使动词V1充当(邢欣，1995，2004)。然而，语言事实表明，无论在语法功能还是在语义内容上，V1都不足以成为句子的核心。现代汉语中具有使令意义的典型使役动词V1(如：“叫”“让”“使”“令”)不能单说。与V2的词汇意义相比，很多V1的意义较虚，“动作义”或“变化义”不明显，只有“使令”“致使”“允让”等较为抽象的关系义呈现出语法化的迹象。即使V1为“请”“排”“逼”“帮”“陪”等意义更加实在的动词，其动词性特征也不够典型，在致使结构中类似于共动词(coverb)或英语中的get/have/make。综合语义和语法各方面考虑，V2更适合充当整个谓语的核心(范晓，1996)。总之，兼语式的核心究竟是哪个动词，学界尚无定论。

连动句的情况更为复杂。有学者认为，构成连动式的两个动词地位平等，皆可作中心语充当谓语的核心(Y. Li，1995)。但也有研究表明，连动式中前、后动词之间的关系并不对称(Muysken & Veenstra，2006)。具体而言，与主语(即外论元)共享型连动式相比，主-宾共享型连动式的V2有虚化倾向，无论在语音方面还是在语义方面，V2都不具有核心地位。首先，V2在语音上须轻读，否则所生成的结构就不是连动句式。例如，根据语感，不但“挣一碗饭吃”和“挣一碗饭吃一碗饭”中“吃”所获重音不同，而且二者的语法属性也不尽相同(高增霞，2007)。其次，主-宾共享型连动式的V2在语义上较空，删除之后不会对句义造成太大影响。例如，在“张三买书看”这类句子中，“买书”预设的信息是“看”这个动作。因此，删除动词“看”之后，句义没有太大变化。相比之下，主语共享型连动式“张三买票看电影”的后动词短语“看电影”被删除后，语义信息缺失明显。从这个角度看，主-宾共享类连动句的后动词在语义上是冗余的，不可能充当谓语的核心。那么，连动式的两个动词之间到底是对称的还是不对称的？整个谓语的核心是一个还是两个？这些问题仍具争议。

对于动结式而言，核心问题涉及两个方面。一个是语义核心和句法核心的关系；另一个是词汇核心和功能核心的关系(陆丙甫，2006)，主要体现为“单一核心说”和“核心分离说”之争，以及“词汇核心说”和“功能核心说”之争。早期的主流观点支持“V1核心说”(Thompson，1973；Lu，1977；汤廷池，1992)。然而，在后续研究中，语义检测法证明，V2的核心作用更为凸显(李临定，1984； 马希文，1987；Gu，1992 等)。“单一核心说”面临的争议促使相关研究开始将动结式的语义和句法核心分开处理，让V1和V2在不同的语言层面发挥作用(袁毓林，2000；王玲玲、何元建，2002；沈家煊，2003；宋文辉，2004)。宋文辉(2004)认为，与古汉语相比，现代汉语动结式的句法和语义核心已发生分化，其句法核心在V1，语义核心在V2。

“核心分离说”看似具有一定解释力，但实际让核心问题变得更加复杂。该观点虽认定V1是句法核心，但是在建立题元结构时却以V2为参照点。在经典的生成语法理论中，句法核心的一个重要标志是能够决定论元的数量并指派语义角色。从这个角度看，构建题元结构的成分应当既是语义核心，也是句法核心。这显然是“核心分离说”无法合理解释的。另一方面，针对“词汇核心说”引发的种种问题，熊仲儒、刘丽萍(2005)依据形式语言学的研究理念提出了“功能核心说”，认为动结式的句法核心与V1和V2这两个词汇成分均无关系，而是某个看不见的功能性成分。例如，一般认为动宾短语“吃饭”的句法核心是动词“吃”，但实际上是及物性轻动词*v*，因为向外论元指派题元角色以及核查宾语的格位都是*v*的句法功能。功能核心说为解决复杂谓语结构的核心不明问题提供了新的思路(第四章将展开讨论)。

总之，复杂谓语结构因具有多个谓词性成分，往往呈现出多重核心的特点。这一特征给语法分析带来了困难。

3.1.3 语序固定

在复杂谓语结构中，各个谓词性成分的句法位置通常是固定的，不可以调换顺序。以例(31)各句为例，我们可以说“他上楼睡觉”和“我去市场买菜”，但是不能说“他睡觉上楼”“我买菜去市场”。同样，“他哭累了”“唱哭了”“喝醉了”也不能说成“他累了哭”“他哭了唱”“他醉了喝”。内–外论元同时共享型和递接共享型也都不允许这类变换，具体如例(34)所示。这一属性是该结构区别于并列复合句的主要特征之一(见2.2.1节)。

(34) a. 他倒水喝/做饭吃/我们找个人问问。

→*他喝倒水/他吃做饭/我们问问找个人。

b. 我们种那种菜吃/他买那种书收藏。

→*我们吃种那种菜/他收藏买那种书。

c. 他给了我一碗汤喝。 →*他喝给了我一碗汤。

d. 厂长派我去北京。 →*厂长去北京派我。

e. 他买那种书给你看。 →*他给你看买那种书。

f. 他打死了一只苍蝇/洗干净了衣服/踢破了球。

→*他死了一只苍蝇打/他干净了衣服洗/他破了球踢。

3.1.4 时体单一

虽然复杂谓语结构包含了多个谓词性成分，但是只具有一种时体特征。该属性源于时间的一维性。由于时间是一维的，同一时段内如果发生了多个动作行为，通常只有一个获得计量。这一规律对语言的影响是，如果一个句子包含了多个动词，通常只有一个可以获得与时间相关的语法特征(石毓智，2001)。对于形态丰富的语言来说，获得了时间特征的动词一般都具有时态标记。因此，我们可以通过时态标记辨识句子的时间特征。

然而，对于形态匮乏的汉语而言，该如何判定句子的时间特征？这一问题长期困扰着语法学界，相关争论大致分为两派。一派认为汉语有时态标记，只是需要通过句法手段或者更加抽象的方式实现。Huang(1982)、汤廷池(1990)和石毓智(2001)等学者提出，广义上讲，汉语的时态表达存在限定式和非限定式之分。汤廷池

(1990)基于体标记、情态助词、从句主语、分裂句以及内嵌话题化等检测手段证明了汉语具有不定式。

对于复杂谓语结构，已有研究主要从以下几个方面进行了鉴别：前后两个动词(短语)之间有无语音停顿，是否可以被分离，以及后动词(短语)能否被前置或删除等。其中，使用最多的是插入法，即在两个动词之间添加人称代词、时间/地点副词、全称量化词等成分。邢欣(1995，2004)提出，可以通过插入时间状语或体标记来区分汉语的有定时态和无定时态。具体而言，根据能否被时间状语(如："已经""正在""将要"，以及体标记)修饰，汉语的动词可分为动态动词短语(dynamic verb phrase)和静态动词短语(static verb phrase)。前者可以单独作谓语，而后者不能。例如，宾语从句允许插入"正在""已经""将要(会)"等时间状语(如："我听说他正在学中医。")和"着""了"和"过"等体标记(如："我知道他来了/过。")。这说明V2是动态性的，构成了时态从句；相比之下，复杂谓语结构不允许时间状语出现在后动词之前(如："*他劝我将要退休。""*厂长派我正在去北京。")。据此，邢欣(2004)认为兼语式的V2不具有时态属性，是静态性的，相当于英语中的不定式或非时态句。然而，这种为区分有定–无定而进行的划分与动词的实际意义未必相符。例如，"他逼我喝药"中的"喝"是表达活动类事件的动词(详见4.2.4节)，并不具备静态意义。

鉴于对时态的判定涉及到了语义特征，学界提出了语义时态和形态时态这一对概念。语义时态允准的是事件和从句中心语的时态范畴；形态时态是体现于小句及某些其他成分上的显性标记，而不是小句中心语或语义时态特征的成分。一种语言可能有多种形式来表示语义时间指称，但未必都有形态标记。语义时态通过功能性成分C^0和T^0的时态特征[T]表达。不同的主动词对从句标识语(C)的选择体现了[T]的不同特性。如果主动词自由选择从句的C^0，那么从句中心语T具有独立的时态；如果从句C^0的出现受限，那么T的语义时态可能不具有独立性(即与主动词一致)或保持部分独立性。由于这种抽象的功能性成分没有任何外在形式，我们很难找到有力的证据证明从句C^0是否出现。总之，目前认为汉语具有时态特征的一系列研究尚待充分论证。

另一派观点认为，现代汉语没有专门的语法标记表示“时态”，但是存在一些语素表示“体态(aspect)”，如“着”“了”和“过”。事实上，古代印欧语只有“体”的语法范畴而无“时”的语法范畴。“时”的概念是后来才从“体”概念中产生出来的，而且总与“体”联系在一起。但是在汉语这种缺乏形态标记的语言中，“时”和“体”无法统一于谓语动词自身。时制往往体现为表示时间的实词(如：“明年”“昨天”等)，而体态可由虚化的成分表示(如：“着”“了”“过”)，也可通过时间副词表达(如：“正在”“将要”“马上”“已经”)。

根据Demirdache & Uribe-Etxebarria(2007)的观点，“时”和“体”都表达了两个时间之间的先后关系。“时态”表述说话时间(utterance time)与声明时间(assertion time)(Klein，1995)之间的关系，不涉及事件时间。“体态”表述声明时间与事件时间之间的关系，主要关涉事件呈现的方式，以完成的状态或是未完成的状态呈现。总体而言，时态的参照时间是说话时间，体态的参照时间是声明时间。时态特征在说话时间与声明时间之间建立时序，体特征在声明时间与事件时间之间建立时序。鉴于此，时态通常被视为一种绝对的时间概念，而体态被视为一种相对的时间概念。从这一角度看，汉语确实没有专门的语法标记表示“时”的概念。近期研究发现，现代汉语只有表示“体”的语法标记，如“着”“了”和“过”。这些体标记可出现在各种谓词性成分之后，与多种时间副词搭配，同样能够完成时间信息的表达(Lin，2004)。

那么，对于复杂谓语结构而言，具体应该怎样判定时体特征？就体态如何表达时间信息这一问题，郑学丹(2018)解释了一部分外论元共享型复杂谓语结构(连动式)的情况。例如，我们可以说“张三拿笔写字，不知道写完后放哪儿了”或“张三拿了笔写字，不知道写完后放哪儿了”，但是不能说“张三拿笔写字，笔还没拿”。这说明无论V1是否带体标记“了”，其表达的事件E1总是具有独立的时间特征。此外，我们可以说“张三拿笔写字，还没写呢”，也可以说“张三拿了笔写字，已经写完了”。这说明V2表达的事件E2可能已经发生，也可能尚未发生。但无论是哪种情况，E2总是在E1之后发生。因为E2的时间总是以E1发生的时间为参照点，不具有独立的时间特征。

其他类型的复杂谓语结构也存在相同的情况。例如，根据我们的语感和常识，“我去市场买菜，但还没去”这句话是无法接受的。相对而言，“我去市场买菜，但还没买”可以理解。此外，“我去市场买了菜”的说法也可以接受。这说明V1表达的事件必须发生，具有独立的时间特征；而V2表达的事件无论是已然，还是未然，都只能在V1之后发生，不具有独立的时间特征。同样，在“他劝我退休/厂长派我去北京”这类结构中，V2表达的事件也都不具有独立的时间特征。当然，有些复杂谓语结构中的V2/A只能表达已经发生的事件。例如，“张三打死了一只苍蝇”中，不但“打”这一事件E1必然发生，而且“死了”也是已然发生的事件E2。但无论是哪种情况，E2必须以E1为参照点，随后才发生。这一观察结果对我们探究复杂谓语结构的语义特征具有重要的价值，不仅解释了各个谓语部分的语序为何是固定的，而且为进一步分析各谓语成分的语义关系提供了宝贵线索。从根本上讲，E2必须在E1之后发生是由时序原则决定的(详见3.2.1节)。

由此，学界普遍认为，复杂谓语结构的前动词具有确定的时间特征值，而第二个谓词性成分没有。无论汉语是否采用专门的语法标记表示时间特征，无论这种时间特征是时态还是体态，整个结构只有一种与时间相关的语法特征，即“V2/A在V1之后发生”。事实上，从短语到复合词，不同类型的复杂谓语结构在时体特征方面都呈现出单一性。首先，谓词性成分的时体特征值必须一致，不能包含特征值不同的时间副词。例如，“我们找个人问问”不能说成“我们刚才找了个人待会问问”。其次，连动式的前动词不可以带“了$_2$”“吗”等语气词。我们不可以说“他开门了出去/他开门吗出去”(高增霞，2007)。虽然体标记“了$_1$”可以出现在连动式的句末，但是整个结构的语法性质发生了变化。对比“他开了门出去了”与“他开门出去”可以发现，前者更像是由两个具有承接关系的分句构成的复句，而后者属于连动结构，二者语法性质有所不同。

正是基于上述特性，本研究认为，复杂谓语结构并不是由多个独立事件复合的结果，而是由多个子事件构成的一个复杂事件。在该结构的历时演变过程中，连词的脱落、双音节化的需求以及使动用法的衰退等因素促使小句整合的程度逐渐增强，最终表达为一个完整的单一事件(石毓智，2005)。既然是一个事件，那么自然只具有一种时体特征。总之，诸多证据显示，时体单一是复杂谓语结构普遍具有的一个形式特点。

3.2 语义特点

3.2.1 时序原则

在复杂谓语结构中，谓词性成分之间可能具有因果、方式、目的或承接等不同的语义关系(Chang，2007)，但是它们表达的动作行为在发生的时间顺序上往往存在先后之别。时间先后顺序是事件之间最基本的关系，也是复杂谓语结构中最具有原型意义的语义关系。吕叔湘(1980：370)指出，“两件事情说在一起，当中多半有时间关系……但我们不一定注意这个时间关系”。当说话人将时间链上先后发生的两个动作行为表达出来时，听话人会依据认知机制推导这些动作之间的逻辑关系，往往倾向于使用因果、目的、方式、承接或延伸等语义关系来解读这些动作之间的关联。这些具体的语义关系均可以反映更具普遍意义的时序关系。

首先，因果关系具有时序性。无论是顺承性因果关系，还是相继性因果关系，都遵循时间顺序原则(戴浩一，1988)，即前后两个谓词所表达的事件在发生时间上有清晰的先后次序(高增霞，2007)。另一方面，当两个事件的发生存在时间先后关系时，人们很容易将它们理解为一种因果关系。例如，“他吃了这种药死了”，也许说话人只是想客观地报道现实世界中先后发生的两件事：先发生“他吃了这种药”这一事件，然后再发生“死了”这一事件。除了发生时间一前一后，二者并不存在其他关联。然而，听到这样的句子后，人们一般会理解为“吃了这种药”这一事件造成“死了”这一事件发生，二者存在因果关系。从这个角度看，时间顺序是因果关系形成的一个前提条件，后者的存在往往蕴含了前者。由此推理，表达因果关系的动结式必然符合时序原则。

其次，致使关系在发生时间上呈现明显的先后次序。“致使”作为一种语义范畴，在世界语言中具有普遍性。从事件发生的时间角度看，致使关系具有一先一后的特点。例如，在使役句式中，无论是原型使役动词(如：“使”“令”)，还是非原型使役动词(如：“叫”“让”)，一般表达的都是先发生的事件，而后面出现的谓词性成分通常表达的是后发生的事件。

再次，目的关系也遵循时序原则。在典型的复杂谓语结构中，谓词性成分之间的一种主要语义关系即“动作–目的”或“方式–目的”(Chao，1968；郑学丹，2018)。如果两个动词之间存在目的或承接关系，一般都是对客观事件发生顺序的直接体现，因为语言结构除了可以临摹客观世界中事件发生的时间先后顺序，还可以对逻辑关系以及认知方式进行临摹(时间相似性原则)(戴浩一，1988)。目的或承接关系临摹的就是逻辑层面的先后顺序。

总之，时序原则是复杂谓语结构最具普遍意义的语义特征。统观谓词性成分之间的语义关系，无非是所表达的事件一前一后相继发生。如果根据语义类型对这种关系进行细致解读，得到的便是“因果”“致使”“目的”“方式”“承接”或“延伸”等。由此可见，这些具体的语义关系本质上都蕴含着时间关系。因果、目的和承接关系反映的是逻辑层面的先后顺序；延伸关系则属于认知层面的先后顺序。可以说，几乎所有类别的复杂谓语结构(如：连动式、兼语式、动结式)都从不同程度、不同方面表达了一种时序范畴(temporal category)。依据各个子事件发生的时间顺序，谓词性成分之间不同的语义关系可以得到统一的解释。

与此同时，时序原则从根本上阐释了为何复杂谓语结构语序固定。如3.1.3节所述，无论是传统意义上的连动式，还是兼语式、动结式，其语序都是固定的，各个谓词性成分的位序不可相互调换。这是因为时间相似性原则对汉语的语序影响很大(戴浩一，1985)。如果各个谓词性成分表达的事件一先一后发生，那么它们句法位置通常也是按照这种时间顺序一前一后排列。一旦调换位序，句子就不合语法。可以说，语序固定是时序原则在汉语复杂谓语结构中的一种体现(李亚非，2021)。

3.2.2 论元共享

除了谓词性成分之间的语义关系，其与名词的关系也是语法研究的热点。根据“事件–论元匹配原则”(Rappaport Hovav & Levin，1998)，复杂事件中子事件的数量对论元的数量有决定作用，每个子事件对应的句法结构要求至少有一个论元出现。然而，在复杂谓语结构中，论元的数量往往少于子事件的需求。由此，每个谓词性成分通常至少共享一个核心论元[1]。要么第一个名词被共享，同时充当两个谓词性成分的外论元；要么第二个名词被共享，同时充当前一个谓词性成分（通常是动词）的内论元和后一个谓词性成分（动词或形容词）的外论元；甚至还有两个名词同时被共享的情况。例如，在“我们找个人问问”这类句子中，出现在主语位置的名词“我们”同时充当子事件“找”和子事件“问问”的施事；同样，“他哭累了”一句中的“他”同时承担子事件“哭”的施事和子事件“累”的经事，属于外论元共享。在“他倒水喝”中，“他”同时充当子事件“倒”和子事件“喝”的施事，“水”同时充当这两个子事件的受事，属于内–外论元同时共享。在“他劝我退休”这类句子中，出现在两个谓词性成分之间的名词“我”既是子事件“劝”的受事，又获得了子事件“退休”指派的施事角色，属于内–外论元递接共享。

对于固化程度很高的动结复合词而言，论元共享现象也十分典型。例如，在“他打死了一只苍蝇”一句中，句末的名词短语“一只苍蝇”既是子事件“打”的受事，又充当子事件“死”的经事，也出现了内–外论元递接共享的现象。虽然“打死”在现代汉语中被视为一种复合词，但是如果我们以语素为单位对其构造进行剖析，就可以发现“打死”与“杀”（或使动词“死”）不同，前者属于多语素组合，而后者是一个单语素词根。虽然“打”的意义有所

1. 为了便于说明问题，本书对论元共享问题的探讨主要以核心论元为重心。例如，下文将“他借了一把刀切菜”和“我们需要一个夹子夹核桃”这类语句中的论元共享分析为外论元共享，暂不考虑“工具 / 方式”类非核心论元被共享的情况。

虚化，但毕竟是一个独立的语素。该语素和“死”分别表达了两个子事件。“捂死”“毒死”“掐死”等实义词组更是如此，每个语素都构成了一个子事件，各有各的论元需求。然而，这类句子中实际出现的论元数量往往少于所有子事件的需求。为了使每个子事件的论元结构得到饱和，某些论元只能被共享。例如，子事件“打”需要内–外两个论元，子事件“死”需要一个外论元，整句话共需要三个论元。但是在“他打死了一只苍蝇”中，只出现了“他”和“一只苍蝇”这两个名词性成分。为了满足论元需求，“一只苍蝇”同时被这两个子事件共享。

当然，确实有一些结构不存在论元共享。例如，在“她哭湿了手帕”一句中，主语“她”只是子事件“哭”的施事，子事件“湿了”的唯一论元是“手帕”，与子事件“哭”没有任何关系，只不过是“她哭”这一事件促成了“手帕湿”这一子事件发生而已。事实上，这种无论元共享的情况只局限于固化程度最高的复杂谓语结构。若不是结构固化，“她哭”和“手帕湿”构成的应当是两个独立的分句。对于这类无论元共享的结构，本书在划定复杂谓语结构的研究范围时将其处理为非典型成员(详见2.3节)，不作重点讨论。

总之，在典型的复杂谓语结构中，至少一个论元会获得两个谓词性成分指派的题元角色。王力(1985)提出“递系式”这一名称时，也是为了凸显这一标志性特征。

3.3 小结

本章归纳了复杂谓语结构在句法属性和语义内容方面的共同特征。在句法方面，复杂谓语结构是由多重谓词性成分构成的简单句，其语序固定、时态单一。在语义方面，各个谓词性成分之间存在因果、致使、目的、承接或延伸等语义关系，但是都遵循基本的时序原则，通常共享一个或多个论元。论元共享问题是贯穿全书的主旋律之一。第四章将系统梳理学界对于这一问题的研究视角和解决思路。

第
四
章

论元共享问题之探

论元共享问题 /

研究综述 /

小结 /

第四章　论元共享问题之探

复杂谓语结构中，一个论元兼具多个题元角色的现象对句法语义接口理论研究造成了很大挑战。本章梳理了学界对于这一问题的研究思路和主要观点。通过对比不同语法流派的研究视角和不足之处，本章认为形式语言学的研究视野高屋建瓴，能够对论元共享问题提供根本性的解决方案。

4.1 论元共享问题

为了建立句法结构与语义内容之间的对应关系，普遍语法(universal grammar)原则提出，谓词的论元结构必须得到饱和(saturated)，所有的句法论元都应得到实现。在句法-语义界面，只有与题元角色保持一一对应关系(Haegeman，1994)，论元才能获得稳定的句法位置和语义解读。唯有在句法形式与语义内容之间建立一对一的关系，才能保证二者之间具有同构性，增强语义向句法映射的透明度。无论是题元准则还是功能-论元双向唯一性条件(function-argument biuniqueness)(Bresnan & Kanerva，1989)，都是在一一对应原则的基础上实现语义或功能指派的。

(35) a. 功能–论元双向唯一性条件：每个论元只能对应一个语法功能；每个语法功能也只能对应一个论元。

b. 题元准则：每一个论元只能获得一个题元角色；每个题元角色只能指派给一个论元。

一一对应原则是统一映射理论和词汇映射语法的核心假设和重要前提，在句法–语义接口研究中发挥着基础性作用。如果允许一个名词承担多个语义角色或功能，不仅无法保证句法成分在确定的位置获得确定的意义，而且容易导致句法结构与语义内容失配，给语言的理解和分析增加难度。鉴于此，本研究认为，无论是在论元与题元角色之间，还是在任何一个句法成分与其所表达的意义或功能之间，一一对应关系是语法分析应遵循的基本原则。

然而，在复杂谓语结构中，形式与意义之间没有形成明确、清晰的对应关系。如3.2.2节所述，对于“我们找个人问问”和“他哭累了”这类句子，一个名词同时获得了两个子事件指派的题元角色，造成外论元共享；在“他劝我退休”这类句子中，中间的名词“我”既是子事件“劝”的受事，又充当了子事件“退休”的施事，造成内–外论元递接共享；甚至还有内–外论元同时共享的情况(如：“他倒水喝”中的“他”同时充当子事件“倒”和子事件“喝”的施事，“水”同时充当这两个子事件的受事。)显然，这些句法成分与其语义功能形成的是一对多的关系，没有遵循上述一一对应原则。无论是题元理论、中心语投射理论、还是直接成分分析法、向心结构分析法，都未能对其内部结构做出清晰的解释。为了便于讨论，本书将这种论元共享现象对语法研究造成的一系列挑战称为论元共享问题。语法学家在不同的理论框架下进行了诠释和解读。

4.2 研究综述

在汉语传统语法研究中，“兼语式”这一名称的提出突显了“一个论元身兼二职”对语法分析造成的困难。学界虽然对兼语式的定义、范围及分类进行了长期而广泛的探讨(陈建民，1960；丁声树，等，1961；吕淑湘，1980；杨成凯，1984；王力，1985等)，但是一直未能就这一问题提出切实可行的解决方案。如1.4节及3.2.2节所述，一个论元之所以会同时承担两个题元角色或两种语法功能，归根结底是因为整个结构中出现的论元数量较少，本质上反映的正是论元共享问题。除了兼语式，该问题还存在于连动式和动结式。

4.2.1 词汇角度

对于连动式中的论元共享问题，高增霞(2007)认为，主要由语义同指的论元承前省略造成，根源于前动词的高度有界性。Aikhenvald & Dixon(2006)从类型学角度对所有使用连动式的语言进行了系统描述，并强调“论元共享”是构成连动式的一大定义性特征。他们将论元共享的出现归因于词汇属性的改变，认为语法分析只需要在一个整体结构层面探讨论元结构，核心和非核心论元的数量不必与各个动词所要求的论元数量一致。显然，这种做法实际上回避了论元共享问题。基于自主–依存联结分析模型中的融合(incorporation)机制，李恩光(2010)从认知角度对三类论元共享的情况进行了分析。具体而言，“他开门进来”中的外论元共享是主语与主语融合的结果；“张三找水喝”中的内论元共享是宾语与宾语融合的结果；而“他削苹果吃”中的论元共享是由主语与宾语融合造成的。

对于动结式中的论元共享问题，王红旗(1995)运用删除、添加、隐含等词汇层面的操作方法解释了谓语的配价。在对各类语义角色充分描述的基础上，陈昌来(1998)详细讨论了动结式所涉及的题元角色。鉴于汉语学界探讨最多的是动结式中的论元共享问题，下文重点对这方面的研究进行梳理，具体分为词汇说和句法说。

词汇说主要从词法和语义的角度进行了探讨，主要包括论元整合理论、角色参照语法(Role and Reference Grammar)、复合词分析法以及词汇映射理论等。从论元整合角度的探讨以袁毓林(2001)和施春宏(2007，2008)为代表。基于动结式所表示的致使关系层级以及论元的指称等概念，袁毓林(2001)提出了一套自上而下的论元准入规则来解释动结式中的论元选择问题。施春宏(2008)应用界限原则(Bounding Principle)对整合过程中底层论元的性质、位置等进行了探讨，并基于元、结、系三个参数(袁毓林，1998)提出了动结式的配价层级。在角色参照语法的框架下(Van Valin & LaPolla，1997)，Chang(2007)认为，论元的句法实现是由逻辑结构中的参与者角色而不是题元角色决定的。具体而言，由一个及物动词和一个不及物动词构成的动结式可以有三个不同的论元，也可以共享一个或两个论元。根据参照定位层级(Reference-tracking Hierarchy)，当两个论元同指时，只有在高一层级获得了宏观角色的论元才能在句法形式上得到实现，并进一步约束没有获得宏观角色的论元。宏观角色在因果链的起点引入主语，在终点引入宾语。最高层次的宏观角色属于优先论元，是语音拼读的首选对象。

复合词分析法认为，补语谓词所提供的题元角色可能跟主动词的某些题元角色重合(theta-identification)。例如，“姑娘骑累了骡子”一句中，“骑”的外论元获得的题元角色可以与“累”的唯一论元获得的具体角色重合，再赋予复合词的论元“姑娘”以复合角色，形成“姑娘骑骡子，姑娘累”的解读。或者“骑”的内论元所得角色与“累”的论元角色重合，形成“姑娘骑骡子，骡子累”的解读。前动词是核心，外论元比内论元更具显著性。补语谓词提供的题元角色可能跟主动词的某些题元角色重合。但是题元重合原则解释不了“弟弟的肚子笑疼了”“那瓶酒醉倒了小王”等这类违反题元层级的现象。C. Li(2013)认为，动结式涉及的实际不是题元重合而是论元共享，并根据复杂致使事件的连接规则对动结式中的论元共享问题进行了解释。复杂致使事件的致使部分生成致事论元，结果部分生成蒙事论元(causee)。动结式中的题元关系和动结复合词的致使关系在两个独立的层面上获得表征：单一的题元层面和复合的题元层面。致事和蒙事是在复合的题元层面表征的。施事和致事属于两类事件角色，前者是简单事件角色，后者是复杂事件角色。当事件简单时，只需要施事，无需致事。当事件复杂时，致事必须参与其中，尽管不一定与施事对应。正如动结式包含的题元关系所示，获得致使角色的论元可能与单一题元层面的简单事件角色重合，也可能不重合。当重合发生时，在单一题元层面获得致事的论元可能同时获得了施事，但是也可能没有。在复杂的致使事件中，这两类角色之间的关系可视为简单事件角色与复杂事件角色之间的重合。

鉴于此，Y. Li(1995)提出了致使层级(causative hierarchy)，假设在传统的题元角色之外，还存在着两个致使角色——致事和蒙事。一般将致使关系的引发者即致使者称作致事，将致使关系的承受者即受使者称为蒙事，以区别于动词和补语所支配的施事和受事。动结式中论元的句法实现由题元层级和致使层级共同决定。但是当二者发生冲突时，合格性条件要求题元层级服从致使层级。这默认了在致使层级存在的情况下，违反题元层级是合理的。然而，动结式的致使意义是如何产生的？Y. Li(1995)将致使度的出现归因于动结复合词的构成过程，涉及V_{caus}和V_{res}这两个动词的合并。前者表达致使性的动作或事件，可以由及物动词(如：“追”“打”)或不及物动词(如：“跑”“哭”)充当；后者表达前动词发生后产生的结果状态，通常由形容词或不及物动词(如：“累”“死”“湿”)构成。在这种能产的词汇构成过程中，动结复合词继承了两个合成动词的题元角色(Y. Li，1995)，共同为一个单一的论元指派题元角色。当动结复合词形成时，致使角色就已被指派。蒙事最自然的位置是V_{res}的论元位置。只要V_{caus}的论元未被压制，并获得了致事，V_{res}的论元就获得了蒙事。然而，上述假设存在不足之处。首先，致使层级优先于题元层级的观点需要以合格性条件为前提。这无形中增加了理论解释的负担。其次，致使角色指派条件只对动结复合词有效，没有更广泛的解释力，解释不了不涉及致使关系的主语控制句。例如，在“哥哥追累了弟弟”这类结构中，尽管“追”这个动作是导致“哥哥”变累的致因，但是由于“哥哥”已从V_{res}获得了题元角色，再假设其获得Cause角色是有争议的。

在词汇功能语法的框架下，Her(2007)根据词汇映射理论对动结式中的论元共享现象进行了解释。如上文所述，功能-论元双向唯一性条件(Bresnan & Kanerva，1989)要求，每个论元只能获得一个语法功能; 每个语法功能也只能由一个论元承担。然而，动结式中却存在一个论元对应两种语法功能的现象，违反了题元结构向语法功能映射的一一对应关系。为了解决这一矛盾，Her(2007)假设，在词汇层面，存在一个构成动结复合词的操作，将补语唯一的题元角色与动词的任意一个题元角色绑定，生成复合角色。可以说，为了凸显某个题元角色，进而最终将其映射到语法功能上，与之语义相关的另一个题元角色很可能被压制。于是，显性句法结构中就只有一个合成的角色，其余都被压制或无法映射。具体而言，由于[cause]在致使等级上比[affective]更显著，V_{caus}是整个动结式结构的中心；C_{res}处于从属地位。因此，在构成复合角色的竞争中，总是V_{caus}指派的题元角色胜出，C_{res}指派的角色被压制。该设想能预测大多数动结式复合角色到语法功能的映射问题，但是对于类似“这种药会吃死你”这样的结构却无能为力。需要另一种词汇操作手段——使动化——来解决这一问题。然而，这一操作并不具有普适性，对于其他类型的动结式来说，不是必要的。总之，为了遵循论元与其语法功能之间一一对应的统一映射原则，添加、压制、绑定论元角色等操作(Bresnan，2001)试图将两个谓词的论元结构合并在一起。这类词法操作不仅改变了题元角色的位置关系及其与论元之间的映射关系，而且造成各个成分的句法、语义属性发生了根本改变。

总体而言，从词汇角度进行的研究要么采用词义概念层面的操作，进行语义重组或解读，通过改变词汇属性等方式消解论元共享，要么在不同于题元关系的层面上提出了另一套分析系统，但并没有从根本上正面解决论元共享问题。词汇说提出的重要理据是V1与V2之间不存在明显的选择关系。而Zou(2009)认为，在动结式中，V2表示的结果是由表动作行为的V1直接导致的，这就是V1与V2之间的语义联系，即V1隐含V2。也可以说，V1选择了表结果的VP2为补语，而这个VP2是以V2为核心的。从这个角度看，在不改变词汇信息的前提下通过句法运算寻求论元共享问题的解决方案是完全可能的。

4.2.2 句法角度

除了汉语的复杂谓语结构，论元共享现象还普遍存在于诸多语言中的动词内嵌结构中(如："He sent me to New York. 他派我去纽约。")。Quirk(1985)统称为复杂补语结构(complex complement)(虽然这在语言间存在差异)。在形式语言学的研究范式下，Hoekstra(1988)应用小句(small clause)分析法探讨了英语动补结构的生成过程。小句是指由主语和谓语所构成的没有时态投射(tense projection)的最小谓词性结构(Williams，1997)。如果一个名词性成分和它的谓语在逻辑上具有主谓关系，那么它们构成小句。小句分析法是在句法–语义同构观的基础上提出的。该观点认为，句法结构与命题结构本质上是一致的。句法结构为语义解读提供输入，派生出独立的命题表征；同时以相同的方式为语音部分提供输入，派生出独立的语音表征。如此一来，句法结构和命题结构之间可以建立一一对应关系。Sybesma(1999)将小句分析法和事件结构理论相结合，对汉语动结式进行了分析。主句动词一般表示动作行为，补语小句表示结果，二者合起来表达一个完整的“动作–结果”事件。具体而言，V1以V2/R为补语，V2的语义指向是小句内的名词短语。

对于这类结构中出现的论元共享现象，Hoekstra(1988)和Sybesma(1999)借助专设的语义层面进行了分析。他们认为，内嵌名词(如：“They beat the egg fluffy.”一句中的egg)是小句的逻辑主语，与主动词之间不存在题元关系；小句应当作为一个整体分析。但是在解读过程中，小句的主语egg往往与主动词存在一定的语义联系，被视为整个句子的宾语(Hoekstra，1992)。该现象显然涉及论元共享。然而，Hoekstra(1992)强调，内嵌名词与主动词之间的关系是一种依赖我们的语用知识而建立起来的影子解读(shadow interpretation)，与题元关系有本质不同。Sybesma(1999)进一步基于涉及关系(involvement)提出，影子解读是原初的，而其他所有题元关系都是在此基础上被再次分析的结果。由于涉及关系隐含了一个空的外部谓语(empty external predicate，简称P)，Sybesma(1999)假设，主动词VP会投射(project)一个抽象的空谓语P。当VP包含结果从句时，P被解读为CAUS；当P的补语是一个未被影响的VP时，P被解读为DO。CauseP和DoP在功能投射方面十分相似，其中心语都与标识语(specifier)建立了一致关系，因此可以将主语解读为致事或行为者(doer)。总之，基于语用知识和语义上的涉及关系，

Hoesktra(1992)和Sybesma(1999)排除了影子解读属于论元共享的可能，但实际上主要分析的是主动词与整个小句之间的逻辑关系；对于主动词与内嵌名词的关系，还是借助"致事或行为者"这类专设的概念进行解释的，没有直接回应论元共享问题。

无论是致使层级，还是小句分析法，都是在题元理论之外专设了一套语义概念，没有从正面回应论元共享引发的一系列问题。为了从根本上解决论元共享问题，生成语法学家提出了控制理论(Control Theory)。Chomsky(1980)认为，在内嵌主语位置存在一个空的名词性指代成分PRO。该成分可以作为补语的逻辑主语承担题元角色，并通过与先行语建立控制关系[1](control)而获得具体的语义内容。在此基础上，黄正德(1992)针对汉语的情况提出了广义的控制理论(Generalized Control Theory)，认为汉语动结式的内嵌主语位置存在一个兼具PRO和*pro*特性的空成分Pro。依据最短距离原则(Minimal Distance Principle)，Pro选取距离最近的名词短语为先行语。例如，"小红$_i$走[Pro$_i$累了]"中的"累"有一个隐性主语Pro。该成分以距离最近的名词"小红"为先行语。这就可以解释为什么"累"的语义指向为"小红"。总之，对于论元共享问题，广义的控制理论都是应用空语类Pro来解决，默认内嵌主语永远为零形式(Huang，1992；熊仲儒，2004)。Lin(2004)将控制理论与事件结构相结合，对普通话的动结式进行了分析，认为其与英语的动结式具

1. 空的名词性成分与其距离最近的显性名词成分之间存在指称依存关系，被称为控制关系。处于控制关系之中的显性名词也被称为先行语或控制语，可以决定空成分的指称属性（Bresnan，1982）。

有同样的深层结构，只不过前者的结果补语通常以动词或形容词为核心，而后者的结果补语一般只以形容词或介词为核心。然而，控制理论自身存在一些局限。PRO的[+Anaphoric, +Pronominal]特征表明，该成分既被局部先行语约束（[+Anaphoric]的特性），又不能被局部先行语约束（[+Pronominal]的特性）。这显然引发了约束悖论。PRO只能出现在不被管辖的非时态句主语位置（PRO定理）。那么，应用PRO分析汉语的前提条件自然是确定汉语的非时态句。而这对于形态标记匮乏的汉语而言十分困难。Huang（1992）糅合PRO和*pro*提出的具有汉语特色的Pro恰好反映了应用PRO分析汉语所面临的问题。此外，最短距离原则未能对汉语动结式中多变的语义指向做出准确的预测（如：小宝$_i$追$_{Proi/j}$累了那只羊$_j$），而针对汉语提出的广义控制理论又难以解释汉–英跨语差异。

鉴于上述问题，熊仲儒、刘丽萍（2006）将小句分析法与移位操作相结合，对动结式的论元实现进行了解释。由于小句中的功能语类T的特征值是[-tense]，无法向小句中的论元指派格位，而主动词具有指派格位的能力，这为小句的主语移位提供了动机。然而，如果假设主语移出小句，那如何解释在线性顺序上它处于小句的谓词之后呢？熊仲儒、刘丽萍（2006）认为，是小句的谓词被提升了，动因是功能范畴Caus。根据功能核心说，Caus能够引入跟主动词和结果补语都无关的题元。例如，“农活儿累病了奶奶”一句中，“农活儿”既不是“累”的论元，也不是“病”的论元，而是语义上依赖于一种抽象的谓词Caus。在此基础上，熊仲儒、刘丽萍（2006）提出了功能范畴假设。功能范畴（主要有C、T、*v*、D）不仅决定合并而且激发移位。其中，功能范畴*v*负责选择论元并指派题元角色。

如果功能范畴*v*体现为活动类事件轻动词*v*Do，则向所选择的论元分别指派施事、受事角色；如果功能范畴*v*体现为致使类事件轻动词*v*Caus，则指派致事、蒙事角色。

在最简方案框架下，Neeleman & van de Koot（2002）基于包含性条件和光杆短语结构理论，提出了复杂谓语分析法（complex predicate formation）来解决动结式的题元赋值问题。动结式中的动词和补语构成了复杂谓语，具体过程涉及中心语对题元信息的延迟映射和非中心语对题元角色的复制。中心语和非中心语对复杂谓语的形成产生不同的作用：中心语的所有信息都可能包含在题元映射中；而非中心语只对与外部题元角色（external theta-role）相关的题元信息起作用。中心语不可能是复杂的，而非中心语可能是复杂的。延迟映射和复制一样，受包含性条件制约。由于论元通常是作为谓语的姐妹成分被选择的，包含性条件会对题元角色的赋值产生重要影响。如果论元与谓语存在姐妹关系，题元赋值可根据包含性条件得到实现；如果二者不存在姐妹关系，包含性条件促使题元角色生成拷贝，而后在支配节点位置（dominating node position）合并，直至题元角色在姐妹关系中完成赋值。然而，并非所有的节点都由单一的句法成分构成，如果某些节点由一系列词组构成，那么，题元角色的拷贝应具体指派给其中的哪个成分就成了一个问题。此外，一旦“节点”这一理论分析的概念被取消（Chomsky，2013），处于节点上的题元拷贝应如何自处更是一个问题。

综上，无论是词汇说还是句法说，要么在独立于题元理论的层面专设了一套语义概念（如：致使角色、致使等级），要么基于控制理论提出了空主语假设，在分析论元共享问题的同时面临更多理论解释上的问题。

在构式语法看来，论元共享现象似乎没有对语言分析造成太大问题，因为动词及其补语被视为一个整体单位，每个谓词性成分的论元如何实现是不必考虑的。作为汉语的一种特殊句型，复杂谓语结构（主要体现为传统语法提出的兼语式、连动式和动结式）长期以来都是构式语法用以论证“构式”这一概念的有力证据。Goldberg（1995，2006）发现，有些结构因受到一些语义限制或涉及一些特殊的语义解读而具有超越于其内在组成部分的特有意义，属于不可拆分、不可组构（noncompositional）的习语性成分。因此，整个结构的语音形式应当直接与语义内容配对，作为一个整体单位或一种抽象的认知图式（schema）存储在心理词库中。在构式语法学家看来，很多汉语特殊句式都属于构式，如，话题句、双宾句、受事主语句、复杂谓语句等。构式不遵循一般的句法规则或普遍语法原则，也无法像常规结构一样通过内在的语言机制生成。以动结式为例，构式语法强调，论元结构是由动词和整体结构的复合效应决定的；应将动词自身的意义和动词所依附的结构区分开来，因为存在一种超越各组成部分的结构整体意义。构式语法称之为构式意义。例如，英语动结式大致表达了“主语通过某种行为让宾语变成或达到某种状态（subject makes object become AP by V-ing it）”（Goldberg & Jackendoff，2004）这一构式意义。这种不可拆分、不可组构的非组合意义是构式语法提出的客观基础和研究要旨。基于这种整体观，构式语法通常不考虑整个结构是如何由基本元素构造的，因而也不会考虑复杂谓语结构中的论元是如何实现的。在该语法观看来，与其说一个论元被多个谓词性成分共享，倒不如说整个谓语部分是如何不改变意义而允许论元增容的。

虽然构式语法的整体观是基于特殊句型提出的，但是随后被广泛用于解释各种语言结构。从最小的结构单位——语素，到大一些的词汇和短语，甚至到最大的语法单位——句子，构式几乎囊括了所有层面的语言成分。可以说，即使是对于可组构的常规结构，构式语法也认为是整体存储的，并不关注整个结构是如何由原子性成分生成的。是否应当以组构的方式分析诸多特殊句式体现了构式语法与生成语法在研究立场上的重大分歧。经典的生成语法在理论上否认任何形–义配对体的特殊性，认为那些被称为“结构”或“构式”的现象都可以由抽象的语法规则运算操作生成。例如，被动结构完全可以由语言系统的计算规则推导出来。理论上讲，所谓的“时间构式”“方式构式”等诸多被称为“构式”的特殊结构都可以基于一般的语法规则(即内在语言机制)生成。虽然主流观点认为，论元结构并不完全由主要动词决定，但是并没有放弃普遍语法原则。Marantz(1997)和Borer(1994)强调，适用于所有结构和所有语言的抽象底层语法是普遍存在的，都可以由内在的语言机制生成，所表达的意义也是所有结构和所有语言普遍具有的。最初引入的“构式原则”实际是对语法理论的武断补充。对动结式这类特殊结构的真正解释应当基于普遍的语言机制，实现理论解释的最简性。

总之，在解释语言结构的形成和构造方面，是否承认语言机能具有对有限元素的组构和生成是构式语法和生成语法的主要分歧。脱胎于认知语言学的构式语法强调，动结式和连动式这类复杂谓语结构所具有的整体意义无法通过离散的元素构建而成，很可能是以整体形式被大脑存储和提取的。因此，整个结构应当视为一个整体单位，不应再被分解，本质上是与词项等同的构式。鉴于此，汉语学界目前倾向于将复杂谓语结构作为一个整体处理，对其内部构成缺乏深入探讨。“构式”理念虽然突显了句法结构的专有意义，却偏离了组构性这一语法研究的目标和归宿。在语言的记忆和使用过程中，确实存在一些固化或半固化的语块，那么是否就可以认为这些语块是人类语言交际的最小单位？事实上，即使是汉语特有的句式结构，也是比较开放的，其内部具有一定的扩展空间，允许其他成分插入、替换，或与新的成分组合，且规则性较强。除了整体意义，特殊结构中常规的组合意义也是显而易见的。从这个角度看，特殊句式虽然具有结构专有的非组合意义，但是能产力很强，与结构完全固化的习语存在本质差异。即便后者被视为词库中的整体词项，也没有充分的理据将特殊句式视为与词项等同的语言单位。整体观的做法无异于把句法层面的问题转移到了词汇层面，错失了从系统特质的角度把握语言根本属性的机会。总之，诸多迹象表明，语言结构普遍具有组构性：可以被拆分为更小的语言单位，也可由词或语素等构造元件组合而成。可能在某些方面，这类结构体现出了词汇的固化和整合特征，但是在更多情况下，该结构具有短语的可分解性、规则性和能产性。论元共享是基于组构语法观无法回避的问题。

在最简方案框架下，分布式形态学的研究理念为问题的解决提供了突破口。如果抽象的功能语素可以单独参与句法运算，那么内在的句法机制既可生成常规结构，也可生成非常规结构，后者所具有的整体性或“结构专有意义”均可由后句法阶段的操作和语义界面的解读实现。下文将以此为理论框架分析复杂谓语结构的构造过程。

4.3 小结

本章主要从词汇角度和句法角度对比了不同理论流派对论元共享问题的研究思路和主要观点，发现无论是词汇说还是句法说，要么以整体观的立场回避了这一问题，要么在题元理论之外专设了一套语义概念或空范畴思想，在分析论元共享问题的同时面临更多理论解释上的问题。综合考量，本章认为形式语言学的理论视野高屋建瓴，能够从根本上解决论元共享问题。下文将以此为指导思想，提炼出分析汉语复杂谓语结构的理论框架。

第五章

语言的生成机制

语言系统的组构机制 /

语言系统的运算过程 /

语段理论 /

事件结构理论 /

小 结 /

第五章　语言的生成机制

本章依据形式语言学的最新研究成果，参照语段理论、事件结构理论以及分布式形态学的基本假设，提炼出分析复杂谓语结构的理论框架。

5.1　语言系统的组构机制

形式语言学始终坚信人类语言系统具有一定的生物基础，抽象的语言能力来自人类天生的生理机能——语言官能(language faculty)。正是得益于这种天赋的语言机能，人类才能够如此流利而熟练地使用各种语言进行交流。可以说，普遍为人类语言共有的语言机能使每个言语个体能够掌握可交流的自然语言。虽然不同民族和地区的语言形式迥异，但是可以成功地进行交流。这说明自然语言之间的差异仅是表层现象，其深层应当受到某些共同机制的制约或影响。这种人类普遍具有的底层语言系统被称为内在语言(internal language)，由普遍语法原则构成，是语言机能对认知元素(如：各种语义概念)直接加工的结果。

在生物语言学的影响下，一些理论语言学家开始关注如何使用抽象的系统来探究语言结构的生成过程，而不仅是依据各种规则描述其表层形式。考虑到心理现实性和可习得性等因素，形式语言学家认为，语言机能在设计上遵循完美原则和最简原则。在最简方案框架下，深层结构、表层结构、移位等多个理论模块和冗余概念均被摒弃，所有运算操作都化归为“合并”。合并操作可以将离散的抽象概念和具有不同语法功能的语素组合起来，在运算终端生成的结果具有层级性。这些层级结构一方面被送入语义界面，借助复杂多样的百科知识(包括习语知识)获得语义解读；另一方面经过形态操作实现线性化，而后在语音界面被赋予不同的语音特征，最终生成世界上形式多样的自然语言。这种日常使用的自然语言属于一种外在语言。它们之间的差异仅反映了语言系统的表层差异，从根本上讲，是由普遍语法原则的不同参数造成的，具体过程如下图所示。

(36) 分布式形态学语言生成模式

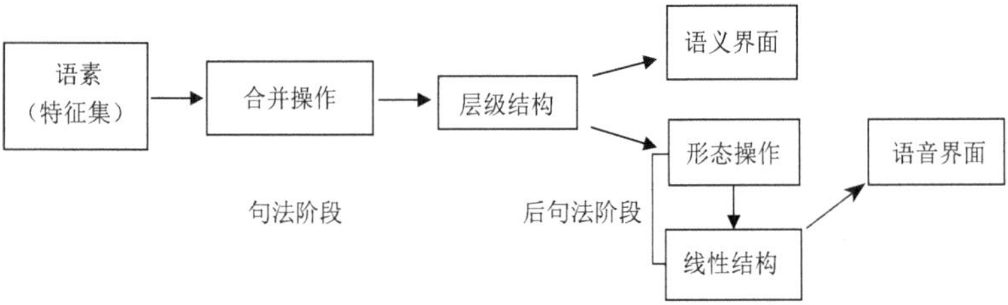

语言机能加工的对象是离散的元素，主要分为实义语素和功能语素两大类。前者也被称为词根，因表达开放的概念意义而通常具有确切的语义特征，但无句法特征和词类特征，也没有结构属性，不能决定任何语法类别。后者主要由[人称]、[性]、[数]、[时/体]、[有定性]等抽象的语法特征构成，还包括决定范畴特征

的“定类语素[1](category-assigning morpheme)”，例如：“V(动词性)”“n(名词性)”“a(形容词性)”“ad(副词性)”。定类语素具有语言普适性，可能体现为黏着语缀(如：动词性的-ize、名词性的-ness、形容词性的-ious)，也可能无语音形式。这种以语素为运算起点的生成模式是分布式形态学“单引擎”假设的必然推论。分布式形态学是形式语言学在最简方案框架下的最新研究成果，其对当今语法研究的独特贡献在于彻底摒弃了词库论，认为无论是词还是短语，都可以由合并操作生成。运算的基础由此不再区分词和短语，而是以语言系统中最小的形–义配对体——语素——为对象。

在生成过程中，词根投射实义节点。由于缺乏句法特征，光杆的词根并不活跃，只能在尚未参与运算的底层节点上合并，与功能语素结合后方可进入派生运算(De Belder，2011)。功能语素投射功能节点，属于一种关系成分，是句法构建和语义解读的核心。只有与词根合并后，功能语素才可以投射，并决定词类(Marantz，2001)。如果功能语素包含了[时/体]这类动词性特征，那么合并于此的成分就生成了一个动词；如果功能语素包含的是[定指]这类名词性特征，那么合并于此的成分就生成了一个名词。例如，“[书]$_n$”

1. 定类语素分析法特别适合解释无词类形态标记却又存在大量兼类词的汉语。例如，定类语素n与词根“√出版”合并即生成名词“[出版]$_n$”，用例如“这本书的出版让他一夜成名”；定类语素V与词根“√出版”合并，即生成动词“[出版]v”，用例如“他出版了一本书”。该研究理念避免了假设两个词项而造成的冗余性。由于语素的派生结果既可能是词，也可能是短语，本书用小写字母表示“词”这一级结果，用大写字母投射表示“短语”这一级结果。此外，为了与轻动词v区分，本书用大写字母V表示动词性的定类语素。

这个名词是由词根“√书”和定类语素n以及相关的名词性特征合并而成，“[看]$_{V}$”这个动词是由词根“√看”和定类语素V以及相关的动词性特征合并而成。可以说，通过合并操作，词根与功能语素各取所需。一方面，基于定类语素的语法特征，词根获得了一定的语法属性，可以在句法派生中发挥作用。另一方面，与词根合并后，功能语素才获得了投射的条件。单语素词根与定类语素合并生成单语素词；多次合并词根可生成多语素的复合词；多次合并定类语素可生成多语素的派生词。例如，词根“√鸭”与词根“√蛋”首先合并，生成了复合词根“√鸭蛋”。这一合并的结果再与定类语素n合并，生成复合名词“[√鸭蛋]$_{n}$”。词根√normal与定类语素V合并，生成动词[√normalize]$_{V}$。这一结果再与定类语素n合并，生成派生名词[[√normaliz]$_{V}$ation]$_{n}$。由此可见，基于语素生成词汇的过程与基于词汇生成短语的过程并无本质差异，只是后者经历了更多次数的合并运算而已。

在各种功能语素的作用下，有限而离散的元素最终通过合并操作生成了具有层级关系的表达式。人类语言普遍具有的内在语言由此产生。抽象的内在语言通常不具备语音特征，其构成成分也不是按照线性顺序排列的。因此，内在语言无法直接为人类交际服务，还需要一系列操作，才能外化(externalize)为我们日常使用的自然语言。

秉承分离论的思想，分布式形态学对语言构建系统的设想分为句法阶段和后句法阶段。如上文所述，句法阶段的操作从语素开始。与传统定义的语素不同，这些语素[1]不具备语音特征，仅包括抽象的语义特征和语法特征，实际体现为一丛丛的句法–语义特征集。两个语义–句法特征集相同的节点在句法阶段没有区分度，只有被语音界面拼读之后才体现为两个不同的词项，因为内在的语言生成机制并不解决这些语素如何通过语音形式实现外化表达的问题。既然语音操作发生在句法运算之后，那么语音特征的实现必然是由独立于句法运算的操作完成的。因此，产生句法语义表达式的机制不必与拼读机制直接对应，句法操作的底层节点也不必具备确切的语音内容。语音形式和形态句法特征只有在语音界面才建立对应关系。

如果句法阶段的运算结果与最终的表层形式不一致，就需要在进入语音界面之前，接受形态调整和线性化操作。这些操作主要在后句法阶段进行，包括加缀(affixation)、句法下降(syntactic lowering)、特征缺损(impoverishment)、裂变、语素插入等(李红兵，2006)。这些对句法结构的修饰性操作不会增加任何语义信息(或可解特征)，也不会改变派生结果在句法或语义上的基本属性，只是在一定条件下影响了语音特征的选择和实现。由于社会规约存在差异，不同的言语社团所选择的形态操作通常不可能完全一致。由此，不同民族和地区的语言出现了形式多样的表层形态。形态调

1. 所有体现语音形式的特征全部推后至语音界面进行处理。这种句法操作先行、语音内容滞后配入的“迟后填音(late insertion)”机制使句法–语义特征摆脱了音系特征的束缚(如：语素是自由的还是黏着的，属于音系特征，与句法–语义推导无关)，可以化解诸多传统分析的难题(如：“括弧悖论”，参见程工、李海，2016)。

整操作完成之后，线性化操作开始。受发音器官的制约，人类产出的语音普遍具有线性特征。根据线性对应原则(linear correspondence axiom)(Kayne，1994)，一个句法成分A不能既被句法成分B成分统制(c-command)，又成分统制句法成分B，否则就无法被语音识别。符合这一原则的句法运算结果被提交至语音界面后，满足插入框架(insertion frame)的要求，可以在终端节点上获得确定的语音特征。

在语音界面，特征集不同的抽象语素被赋予不同的语音特征，获得了不同的语音表征形式，最终拼读为不同的词项。可见，语音界面的拼读实际就是对句法生成结果插入语音特征的过程(Embick & Noyer，2001；Embick & Marantz，2008)。只有被赋予了有声的语音形式，语言系统的构造结果才能够成功地实现人类的相互交流。在语言形式与意义的匹配过程中，集体意志作用下的社会规约发挥了决定性作用。一方面，在同一语言社团内部，语音特征系统在社会规约的作用下具有高度一致性，确保语义内容与语音形式之间形成最稳定的联系，从而为相互交流提供更多便利。另一方面，在不同的语言社团之间，由于缺乏相互交流和协商，不同的社会规约往往存在差异，不仅造成了线性化的结果出现多种情况，而且对同一语素(具有同一套特征集)赋予的语音特征也不尽相同。由此产生了形式各异的外在语言。综上所述，后句法阶段的形态调整和线性化操作是语言“外化”的基本手段，也是造成跨语言差异的主要原因(Berwick & Chomsky，2011)。可以说，世界语言的多样性根源于社会规约的多样性，而人类普遍具有的语言机能属于共同的生理基础，二者体现了语言系统的双重属性。

与此同时，推导运算生成的层级结构基于语义界面的百科知识获得解读。语义解读主要分为两种模式。初级解读模式对离散的语素进行解读。百科知识首先对层级性结构上的各种语素进行识别，而后根据其携带的语义特征，与概念建立联系，完成语义解读。高级解读模式需要以一定的结构关系为基础。例如，仅依据某个词项的特性无法从根本上完成题元赋值，因为题元角色的指派离不开题元关系。只有在一套完整的题元关系中，具体的题元角色才能与某一确定的论元建立联系，而题元关系的形成往往需要建立在对整个结构形式的解读基础上(Hale & Keyser，1993)。因此，在运算结果提交到语义界面之前，语言系统并不能在严格意义上完成题元角色的指派，只有等到论元结构等句法层级关系生成之后，论元获得的具体题元角色才能最终得到确定(袁芳、魏行，2016)。

除了对具有组合意义的句法表征进行解读，语义界面还可以对结构专有的非组合意义进行识别。一旦句法运算的结果被视为一个不可拆分的整体，语义界面便启动初级解读模式，像识别单一的语素那样赋予整个结构一种独特的语义内容(如：习语或成语中带有历史或文化因素的含义)。这种非组合性的、不可预测的意义体现于所有在任意性基础上建立起来的音–义配对体，不局限于词一级单位，完全可能是小于词的语素(如：词根“√书”“√看”)，或大于词的短语单位(如：“一衣带水”“举棋不定”)。

上述对语言生成模式的构想与心理语言学经典的语言产出模型十分契合。如例(37)所示，Bock & Levelt(1994)提出的语言产出过程分为四个层面：信息层(messsage level)、功能层(functional level)、位置层(positional level)和音系层(phonological level)。信息层主要记录了说话者想要表达的语义信息，并为语法编码

(grammatical coding)提供原材料。这与图(36)中句法运算输入的主要对象——实义语素——有异曲同工之妙。功能层主要负责词汇选择和功能指派。前者为所需表达的意义选择最合适的词汇概念；后者主要指派语法角色或句法功能。这一阶段与图(36)的合并操作十分相似：表达实义概念(通常由词汇概念体现)的光杆词根与表达词类的功能语素合并，而后才能参与运算，获得某种语法角色或句法功能。同构造机制的推导运算一样，功能层进行词项选择时并未确定词序，只是将具有集合关系的语言成分构造成了具有层级关系的短语结构。因此，整个系统还需要位置层来安排词汇产出的序列，将所生成的层级结构转换为线性结构，同时添加形态标记。后句法阶段的运算与这一设计理念不谋而合。在语法编码(主要体现在功能层和位置层)完成之后，音系层的音系编码对运算结果赋予音系结构和语音特征。这一过程与语音界面的拼读完全一致。不同阶段的加工操作还可能交互影响，最终形成一种动态的生成模式。

(37) Bock & Levelt(1994)语言产出模型

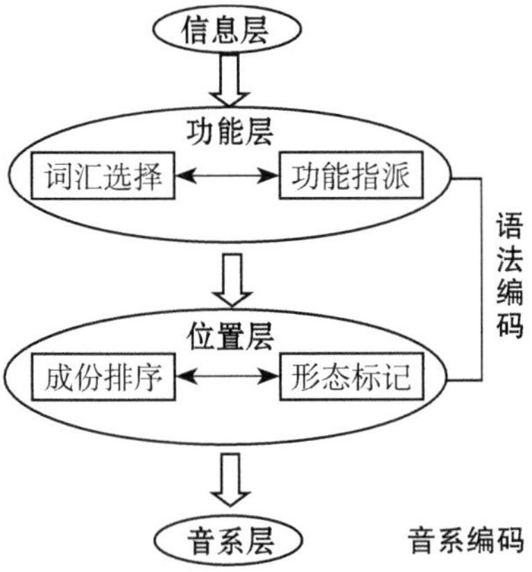

综上，从对语素的加工开始，运算系统首先生成传统意义上的词，再进一步生成短语、小句等更大的语言单位，直至所有不可解的特征核查完毕。经形态操作等外化手段作用后，运算结果分别被送入两个界面接受语义解读和语音拼读，最终生成我们日常使用的外在语言。在整个运算过程中，新的元素通过多次合并一步一步地与已参与运算的成分组合起来。这种滚雪球式的操作方式体现了语言结构的递归性(recursiveness)，符合计算效率原则。正是通过这种递归式的合并运算，语言系统实现了对有限元素的无限表达(Chomsky，2013)。

5.2 语言系统的运算过程

本节将从计算复杂度的角度阐释语言机能的具体运算过程。依据图灵(Alan Mathison Turing)最初提出的计算理论，语言的产生需要一个逻辑处理器和一个无限的内存磁带(memory tape)，这些组件相互作用，直到整个系统完成全部的运算(Uriagereka，2008)。不同语法对内存资源的利用有不同的方式和限制。Chomsky(1956)按照这种计算复杂性把语言的生成过程分为四个阶段：

(38) a. 正则语言(regular languages)—正则语法(regular grammars)

b. 语境自由语言(context-free languages)—语境自由语法(context-free grammars)

c. 语境敏感语言(context-sensitive languages)—语境敏感语法(context-sensitive grammars)

d. 递归可枚举语言（recursively enumerable languages）—无限语法（unrestricted grammars）

（38a）正则语言仅由一串无序的符号构成（strings of symbols），因为生成正则语法的有限状态自动机（finite-state automata，简称FSA）具有独立的内存，对内存磁带没有单独的访问权限。（38b）语境自由语言包含的主要是字符串的集合（sets of symbol strings），因为生成语境自由语法的下推自动机（pushdown automata，简称PDA）相当于磁带中的一个堆栈内存（stack memory），具有一个存储/检索机制（storage/retrieval regime），只能访问最新存储的符号，记住运算中的当前状态，是整个内存模式最容易访问的部分。（38c）语境敏感语言包含的是字符串集合的集合（sets of symbol string sets），因为生成语境敏感语法的线性有边界自动机（linear bounded automaton，简称LBA）不受当前状态的限制，可以探测派生内存的任意组件，当然，范围仅限于当前派生的内存堆栈（memeory stack）。（38d）递归可枚举语言具有无限的生成能力，可由具有任何计算复杂度的成分构成，因为生成无限语法的图灵机（Turing machine）没有内存限制，允许对内存磁带进行任何可计算的操作。

语言学家在20世纪60年代就试图证明自然语言具有复杂性，且处理手段不受限制。然而，如果语法是通过人类有限的大脑、在不经归纳的情况下获得的，这种想法就极其不现实。Chomsky（1956）提出，虽然自然语言在定义上是语境自由的，但实质可能是一种受限制的系统，属于语境敏感语言。在计算机领域，以Joshi（1985）为代表的诸多研究者也普遍认为，语法应当是轻度语境敏感的（mild context-sensitivity)。虽然学界对“轻度语境敏感”这一概念尚未提供一个精确的数学定义，但它涉及到的一些特征似乎与理解语言能力的运作有关。根据加利福尼亚大学洛杉矶分校(University of California，Los Angeles，简称UCLA)团队的研究结果，“语法只需要一个包含少量元素的‘等待程序集’”，即可生成(轻度)语境敏感的语言(Uriagereka，2008：229)。

接下来的问题是，如何确定限制的范围。一些理论语言学家开始采用抽象系统来描述语言的生成过程，而不再局限于使用分析和约束规则图式(analyzing and constraining rule schemata)等手段来描述生成结果的形式特征。在句法范围内的研究主要是探索“语境敏感依存关系(context-sensitive dependencies)”是否符合统一性(uniformity)条件或者在多大程度上受到限制。在最简方案框架下，整个计算过程可以重释为合并操作。假设最简单的情况是只有一个[词项]，称为“一”。与该词项合并产生{一}，称为“二”。在此基础上再合并产生{{一}}，称为“三”。后续运算过程同此。加法等其他算法都可以直接用这种两两合并的方式Merge(X, Y)来定义。

如果这是运算系统的正确基础，那么生成结果将如何在大脑中存储？虽然实际的计算时间会占用物理过程，但是大脑中的心理计算可能在某种意义上是并行的，甚至是大规模并行的。由此产生了一种与线性存储完全不同的内存形式。如果“合并内存(merge-memory)”实际比线性关系更具多维性，那么结构的层级性就可以被诠释为一种基于集合关系(set-relations)的内存限制。只有将有限状态自动机的生成结果视为无标签集合而不是字符串，才能将其整合到当前的系统中。它们之间的线性关系往往被忽略，即除了“在同一个集合中”，不存在任何其他结构关系。

另一方面，如果将不对称性引入合并操作，让其中一个成分投射，运算系统采用的就是“外合并(external merge)”，一种语境自由的操作。这种操作关联了两个操作数(operands)，属于“真正的嵌入”。每个操作数都会给后续运算带来形式上的复杂性，并在计算过程的某个阶段体现出来。由于“外合并”在当前语法状态下创建的集合包含任何元素A和B，整个运算过程与语境无关。如果进入集合的元素B被包含在与元素A处于姐妹关系的元素C中，这种合并操作就具有轻度语境敏感性，被称为“内合并”。然而，既然B已被包含在了元素C中，该元素又如何再与A合并呢？一致关系(agreement)的建立提供了解决方案。在一个适当的局部范围内，所有尚未得到特征赋值的成分都属于活跃的探针(probe)，只有与具有相应特征值的目标(goal)成分匹配，特征核查的要求才能够得到满足(Chomsky，2004)。这个过程需要访问派生存储器的内部组件，回视(look backward)已被合并的结构，因此，“内合并”操作必然超越当前状态，访问在线运算(online computation)，这是其与“外合并”最大的不同之处。从计算的角度看，这种操作类似复合加法。要将两个大数相加，我们通常会先将其中一步相加，再将结果带入下一步的计算中。这就需要额外的内存。此外，由于操作更加复杂，“内合并”的结果已不是一个单纯的短语，而是来自两个独立派生语境中更复杂的实体。由于自然语言具有(轻度)语境敏感性，语言机能允许运算操作在有限范围内超越当前状态进行探测。探针搜索到目标成分后，运算系统对其所有特征(不包括在语音界面才兑现的语音特征)进行复制。所生成的拷贝与探针进行“内合并”操作，母本仍留在原位。拷贝在句法和语义特征集方面与母本完全一致，因此具有与母本同等的语法地位。

总体而言，语言系统在进行运算时，既可以采用外合并，也可以采用内合并的方式。前者直接将两个对象(元素A和B)组合起来，生成语境自由语言。后者可超越当前状态，在一定限制范围内访问已经被计算加工的部分，生成语境敏感语言。须指出，内合并操作虽然可以在一定范围内超越当前运算状态的限制，但是与线性化无直接相关性。如上文所述，根据分布式形态学的最新研究，线性化操作在后句法阶段进行。在句法运算过程中，无论外合并还是内合并，向界面输出的结果都是一种层级性结构。虽然参与内合并的拷贝最终在语音界面的实现会受到线性化影响，但是在进入后句法阶段之前，拷贝与母本都处于非线性的集合关系中。

5.3 语段理论

计算系统生成语境敏感的自然语言时，虽然允许内合并操作超越当前状态进行探测，连同复制、提交等操作一起充当等待程序集，但是这种操作并不是在无限范围内任意进行的，而是受到了一定的限制。从计算复杂性的角度看，线性有边界自动机只能在其派生的内存堆栈范围内探测。在最简方案框架下，这一思想被发展为语段理论。

5.3.1 基本假设

语段理论倡导的是一种动态的生成过程，认为整个运算结果并非一次性被提交到概念意向系统（conceptual-intentional (CI) interface）和发音感知系统（articulatory-perceptual (AP) interface），而是分阶段逐次提交。这种运算的阶段被称为语段。语段由三个部分组成：语段中心语（H）、语段边缘（edge）以及语段的域内部分（domain）YP（即中心语的补足语）。语段中心语H携带不可解特征，YP是H成分统制的区域，也被称为“拼读域（spell-out domain）”，语段边缘由H的标示语（Spec）或其他嫁接成分占据。

语段定义了句法推导的基本单位，是语言系统进行运算和提交的基本域（domain）。只有当前语段中心语的所有未赋值特征都完成了核查，下一个语段的推导才可能开始。语段生成之后，其域内部分（即补足语）立即提交，无法再参与下一步的运算。鉴于此，“语段不可穿透性条件（phase impenetrability conditions）”和“非篡改条件（no tampering condition）”均提出，语段的域内部分在运算过程中是不可逆的，一旦被诠释或确定，就不再具有句法活跃性，不可以被后续操作访问或修改（Chomsky, 2001）。总之，语段这一概念将整个生成过程分解成了若干部分，确保一次推导只接触一套特征数组，从而限制了内存资源的数量，极大地降低了计算的负担。在一个语段的运算范围内，一致操作（agree）遵循“最小搜索”原则，探针必须与目标保持最近距离，通常只能在其成分统制区域内搜索。与之相关的一系列假设都体现了对运算操作的局域性限制（locality restriction），符合最小化计算原则（minimizing computation）。

然而，优化推导所遵循的严格循环性条件（radical cyclic condition）要求语段留有边缘，为尚未完成特征赋值的成分提供逃生口，使之能够在下一个语段的推导过程中进行特征核查。因此，在语段提交之前，中心语及其边缘位置的成分被保留了下来，并没有连同域内成分一起被提交。尽管“语段不可穿透性条件”和“非篡改条件”都强调，语段域内的成分一经提交，无法参与后续运算，但同时也承认，中心语及其边缘位置的成分可以被外部操作访问，继续参与下一步的推导运算。

可以看出，语段在最小化计算原则和严格循环性条件的对抗中形成了一种平衡。一方面，它必须足够小，已赋值成分提交后，就不能再被句法运算加工。另一方面，语段又不能小到妨碍了特征核查的顺利进行。为了确保所有未获得特征赋值的成分都能参与后续运算，语段边缘提供了等待缓冲区（Chomsky，2012：6）。前者符合最小化计算原则，仅需中心语与补足语进行外合并即可实现。后者应严格循环性条件的要求，允许所有尚未完成特征赋值的活跃成分位于语段边缘，以便在下一个语段的生成中继续参与特征核查。通过对语段的边缘位置和补语位置的区分，最小化计算原则和严格循环性条件同时得到了满足。更重要的是，语段的边缘允许运算操作超越当前状态进行探测，但同时也对可探测的范围进行了限制，发挥了内存堆栈的作用，为语言运算机制生成语境敏感语言提供了可操作化的概念。

需指出，语段提交后，与两个界面对接的时间可能并不同步。因为语义界面解读的内容与语音界面拼读的对象具有不同的属性。形式语言学认为，语言是思维的工具。如果语言系统的运算结果首先是思维的直接反映，而后才服务于日常交际，那么被语义界面解读的应当是内在语言，具有层级性、多维性的特点；而被语音界面拼读的属于外在语言，是一种单维的线性结构。二者本质上是不对称、不平衡的。否则，语言中就不会出现诸多形–义错配(如位移、重构)现象了。在界面不平衡性的影响下，语段提交的方式可能有两种，一种是一次只向一个界面提交，需要进一步区分语音界面的语段和语义界面的语段。另一种是同时向两个界面提交，但是被解读的时间与最终被拼读的时间存在差异。根据5.1节介绍的生成机制，本书认为后者更为合理，没有必要提出语音语段或与语义语段这些冗余概念。在生成模型(36)中，运算系统直达语义界面，二者之间没有任何其他推导环节。因此，生成结果可直接在语义界面获得及时、迅速的解读。而语音界面不同，语音特征的赋值需要以线性化为前提条件。鉴于形态调整、线性化等后句法阶段的操作会占用一定的时间和认知资源，语音形式的实现往往相对滞后，由此可能造成一些成分(如：处在低位的拷贝)先被语义界面解读，而后才被语音界面拼读(如：处在高位的拷贝)。总之，没有迹象表明，语义解读必须与语音拼读同步进行。语义解读先行、语音拼读滞后的情况完全可能存在。

5.3.2 语段的判别

作为推导运算的基本单位，语段在语言系统的运算和提交过程中发挥了重要作用。然而，对语段这一抽象概念的应用需要一些更加明确的指标。比如：语段体现为哪些结构？具体哪些成分构成了语段？

Chomsky(2001，2004)提出语段理论时强调，在语音方面，语段通常体现为可与其他成分分离的句法实体；在语义方面，语段构成了一个完整的命题。然而，如何在具体的语言现象中识别和判断语音的可分离性和语义的完整性？目前学界尚无定论。首先，语段与管约论框架下的“移位岛”没有必然联系。如果语段还有不可解特征，在完成特征核查之前，可以添加EPP特征以备进一步移位，而移位岛禁止任何移位。其次，词项是否都能构成语段尚存争议。Bošković(2014)认为，所有词项最终都可以生成语段，但未必都是语段中心语，这取决于所出现的环境，即词项最大投射的扩展域是否最终构成语段。分布式形态学也提出，词根与首个词类中心语(即定类语素)合并之后形成了一个封闭域，阻止其内部成分参与后续操作。这种封闭区域被称为“词”一级语段。鉴于语段的词汇观颇具争议，且“词”这一概念在汉语中不是一个现成的单位，本书暂不考虑这一级语段。再次，语段是否与短语对应也尚无定论。Müller(2004，2011)认为，所有短语都可以构成语段，但是对连续移位现象无法提供合理的解释。Den Dikken (2007)依据主–谓框架明确了语段的定义，却没有考虑不完全符合该框架的非印欧语系语言(如：汉语)如何分析。

目前，为主流观点认可的语段主要是论元结构完整的动词短语和时态、语气明确的句子。具体而言，具有外论元的动词短语生成

v^*P语段，有定时态句最终生成CP语段[1]。句法运算先完成v^*P语段的推导，再开始CP语段的推导，基本结构为[CP[TP[v^*P[VP]]]]。外论元缺失的动词短语生成非语段vP；v^*P和vP都能够与T合并。T分为T_{comp}和T_{def}，前者的内容有定，一致性特征完整，可以给名词短语赋予主格，并进一步与C合并生成更大的CP语段；而后者的内容无定，一致性特征不完整，无法给名词短语赋格，也不能生成CP语段。对CP语段的判别涉及有定时态$T_{comp}P$与无定时态$T_{def}P$的区分。这对于缺乏显性时态标记的汉语来说十分困难。鉴于时态的判断不是本书研究的重点，下文将从其他角度介绍一些判别语段的方法。

根据语段在语音方面的基本特性（Chomsky，2001），Fox & Pesetsky（2005）和Cikto（2014）从音系域（phonological domain）和省略（ellipsis）这两个角度提出了以下判别方法。

(39) a. 是否需要拼读？

b. 是否限定了语音拼读的范围？

c. 补足语是否可以省略？

一方面，由于语段提交的区域与最终获得拼读的区域是一致的，通过拼读域的属性可以推测语段是否生成。首先，如果线性

1. Van Urk（2020）提出，在句子层面，具有明显连续循环效应的CP和v^*P无疑属于典型的语段。但是在非句子层面，PP和DP也具有类似的局域性限制功能。鉴于本书的主要研究范围不涉及PP和DP，下文对语段的判断重点关注汉语复杂谓语结构是否生成CP语段或v^*P语段。

化操作以语段为单位进行(cyclic linearization)(Fox & Pesetsky, 2005)，那么运算结果的线性序列就在一定程度上反映了语段的特性。例如，后续的线性化操作可以增加，但是不能删除或改变已被线性化的内容(order preservation principle)，因为语段一旦提交，便不可改变。其次，如果运算结果是以语段为单位提交至语音界面的，语段的拼读域和音系域(如：句子的核心重音指派)之间应当存在某种联系。Ciktao(2014)提出，语段的拼读域通常与核心重音等韵律规则作用范围一致，语段可以决定核心重音的指派。如果移位成分有重音，通常是本局域的最高重音。例如，在班图语支(Bantu)中，高音预测效应(High Tone Anticipation)可跨越局部区域向左侧扩散，与语段的拼读域一致，由此为语段的判断提供了线索。

另一方面，能否省略，也可为语段的判断提供线索。一般来说，与前一个分句相同的动词短语和名词短语都可以省略。例如，我们可以说“张三打败了李四，但是王五没有(打败李四)”或“张三喜欢桃花，李四也喜欢(桃花)”。此外，物主代词、数词、量化词也都允许其后的名词短语省略，例如：“张三的快递没有收到，李四的(快递)也没有。”“张三买了一斤花生，李四买了五斤(花生)。”“张三买了一些花生，李四也买了一些(花生)。”当然，不是任何同前成分都可以被省略。例如，在只允许宾语省略的情况下，如果动词也省略了，就感觉句子不够完整(“张三喜欢桃花，李四也”)。显然，省略现象不是任意出现的，通常会受到一些条件的制约。

十分巧合的是，语段中心语与语音界面拼读的边界一致。这意味着语段的域内成分与被语音删除的内容是对应的。据此，很多学者认为，能够被省略的成分就是已被语段提交的部分（Chomsky，2001）。基于塞尔维亚语（Serbian）的动词短语省略现象，Todorović（2020）提出，被省略的成分既可能是语段的补语，也可能是整个语段。但是Citko（2014，2020）认为，被省略的成分只能是语段的补语，不可能是整个语段。由于关注的语段类型不同（前者主要是*v**P语段，后者重在探讨CP语段），目前学界对于省略成分具体对应语段的哪一部分未有定论。鉴于语段的补语通常是被中心语选择的，本书认为，就省略现象而言，无论是补语还是整个语段被省略，对判定语段影响不大。总体而言，核心重音和省略都能够为语段的判断提供语音上的线索。

在语义方面，语段的独立性主要体现为语义上可解、完整。对于"语义完整"这一概念，不同领域的研究采取了不同的视角。在本体论方面，Matushansky（2005）基于语义饱和度进行了阐释，他提出，只有个体e和真值t是语义饱和的。从这个视角看，只有表达个体或真值的语言成分才能构成语段。这意味着在名词短语层面，专有名词是语段，量化名词短语不是语段。因为根据广义的量化词理论（Generalized Quantifier Theory），所有的DP在语义上都不饱和，因此不构成语段。在最简方案框架下，Chomsky（2001）从命题的角度进一步界定了语段的语义完整性。他认为，完整的论元结构是语段应具备的基本语义内容。例如，在动词短语层面，及物动词和非作格动词具有完整的论元结构，最终可以生成*v**P语段；而非宾格动词的论元结构不完整，因而无法生成*v**P语段。此外，信息结构（Biskup，2009）、主谓结构（Den Dikken，2007）、词类的最大投射（Bošković，2014）等概念也都被用来阐释语义完整性这一概念。

当然，对于语段的独立性，学界还应用重构(reconstruction)和量化词提升(quantifier raising，简称QR)等方法进行了判断。以量化词提升为例，提升成分需要通过边缘位置一步一步地进行。因此，量化词提升的句界效应(clause-boundedness)本质上体现了语段不可穿透性条件的制约作用。事实上，由于移位成分须通过边缘位置才能移出，很多句法鉴别式都是参照语段不可穿透性条件提出的，这种边缘效应被重述为(40a–b)。

(40) a. 移位成分是否可以在边缘位置被解读?

b. 是否可以进行量化提升?(Cikto，2014)

此外，如果句法运算是由不可解特征驱动的，那么携带这类特征的句法成分就可以定义语段的边界，从而为语段的鉴别提供一定的参考指标。因此，以下方式也可以为语段的判断提供参考。

(41) a. 移出成分是否可以在边缘位置被(全部或部分)拼读?

b. 移出成分是否在边缘位留下了其他成分?

c. 是否是特征核查/赋值的基本域?

d. 中心语自身是否携带了不可解特征?

鉴于语段是句法运算的基本单位，运算的驱动因素——不可解特征——充当语段的识别依据无可厚非。当然，仅此一项指标是不足够的。在图(36)所示的生成系统里，任何短语的生成都涉及特征核查，但是并非所有具备不可解特征的成分都生成了语段。对语段的判断还需要结合界面的情况综合考量。一个语段生成之后必然会提交至界面。因此，语段不仅是运算的基本域，也是语音拼读和语义解读的基本域。总之，(39–41)提供了较为全面的判别标准，下文主要以此为参考依据，提出一些判断汉语语段的具体方法。

由于汉语缺乏形态标记，我们很难通过显性的形态标记确定哪些位置属于长距离移位的中转站。因此，无论是有关中转位置(41a)，还是遗留成分(41b)的证据，在汉语中都不易获得。如果参考与界面对接的情况，总体可以从语音和语义两个方面对汉语的语段进行判断。

语音角度主要看语段能否被分离或者被独立使用。前者通常体现为停顿、核心重音和省略等。根据(39c)，省略现象可以提供一种语音上的线索。但是仅此一项指标不足以判断哪些成分构成了语段。例如，同样是连动式，“张三种菜吃/买书收藏/倒水喝，李四也种菜/买书/倒水”中的后动词省略后，句子很不自然，但是“张三去市场买菜，李四也去(市场)”就很通顺。从语音角度的判别还需要参考更多指标。(39a–b)提及的语音拼读域在一定程度上可以通过运算结果的独立性体现出来。鉴于此，本书采用前置法进行判断[1]。汉语中，能够将相关成分提取至句首的主要有话题化和假分裂句(pseudo cleft sentences)(Radford，2009)这两种途径。这些方法在判别CP语段的句法独立性上都十分有效。总体而言，本节提出以下两种方法从语音角度鉴别汉语中的CP语段。

---

1. 虽然插入法也可以检测两个成分之间是否具有独立性，但是对于汉语而言，插入实义语素的方式受太多因素影响，不利于鉴别具有普适性的语法概念。

(42) a. 检测成分是否可以省略？

b. 检测成分是否可以直接被前置于句首或出现在分裂句的焦点位置？

无论在英语还是汉语中，“听说”“知道”“相信”“发现”“看见”“认为”“担心”这类动词都可以附带宾语从句。宾语从句与小句不同，虽然内嵌在主动词的宾语位置，但是通常具有完整的时态甚至语态，与标准(简单)句具有完全相同的语法功能。因此，学界普遍认为，宾语从句生成了与标准句语法地位相当的CP语段。这一观点可通过(42)的两项检测方法得到印证。

作为一个语音上的整体单位，CP语段通常可以被省略。在这一方面，宾语从句也具有同样的性质。如例(43)所示，在并列复合句中，与前一个分句结构完全相同的宾语从句也可以省略。显然，就语音可分离性而言，二者的句法表现完全相同，宾语从句具备CP语段的句法独立性。

(43) a. 张三听说李四买了一辆日产车，王五也听说了(李四买了一辆日产车)。

b. 张三相信2012年会有很多重大改变，王五也相信(……)。

c. 他发现/看见那女孩拿他父亲的钱进了房间，李四也发现/看见了(……)。

d. 张三担心李四不想(来)参加这次活动，王五也担心(……)。

此外，CP语段还可以被前置，或出现在“V的是[……]$_F$”这类假分裂句的焦点位置(即“是”字后面的部分，以[]$_F$标出)。在这一方面，宾语从句也具有同样的句法表现。如例(44)所示，宾语从句都可以直接被前置于句首，或者被提取到假分裂句的焦点位置，呈现出语段所具有的独立性。

(44) a. 李四买了一辆日产车，张三听说。

a’. 张三听说的是[李四买了一辆日产车]$_F$。

b. 2012年会有很多重大改变，张三相信。

b’. 张三相信的是[2012年会有很多重大改变]$_F$。(北语语料库)

c. 那女孩拿他父亲的钱进了房间，他看见。

c’. 他看见的是[那女孩拿他父亲的钱进了房间]$_F$。(北语语料库)

d. 李四不想参加这次活动，张三担心。

d’. 张三担心的是[李四不想(来)参加这次活动]$_F$。

在语义方面，根据(40)提出的边缘效应，汉语语段的独立性可通过量化词提升进行检测。为了清晰标注移位成分的解读范围，本研究借助量化词“一些”“所有”的辖域推测语段的作用范围。由于量化词的解读需要在语义界面进行，而运算结果只有被语段提交后才能获得解读，量化词出现或被解读的位置往往与语段的边缘一致。这也是长距离移位和量化词提升需要以语段边缘为中转站的主要原因。反过来，量化词出现的位置也在很大程度上证明了作为中转站的语段边缘确实存在。如例(45)所示，包含宾语从句的结构不仅允许“一些”“所有”等量化词出现在宾语从句与主动词之间

（例45b、45e、45h），而且允许它们出现在句首位置（例45c、45f、45i）。如果量化词是在底层位置（例45a、45d、45g）生成而后一步一步提升至句首的，那么根据句中（即主动词与宾语从句之间）出现的量化词可以推测，宾语从句生成了CP语段。因为只有语段的边缘能够为量化词的移位提供中转位置。

(45) a. 张三听说[李四想要*一些*东西]。

b. 张三听说[*一些*李四想要的东西都卖光了]。

c. [*一些*张三听说的李四想要的]东西都卖光了。

d. 他相信[我们完成了*所有*的任务]。

e. 他相信[*所有*我们完成的任务]都有价值。

f. [*所有*他相信我们完成的]任务都有价值。

g. 张三估计[李四看到了*所有*的嫌犯]。

h. 张三估计[*所有*李四看到的嫌犯都逃跑了]。

i. [*所有*张三估计李四看到的] 嫌犯都逃跑了。

综上，基于汉语句子在语音和语义方面的属性，本研究提出以下三种方法鉴别CP语段。

(46) a. 检测成分是否可以省略？

b. 检测成分是否可以直接被前置于句首或出现在分裂句的焦点位置？

c. 检测成分是否允许量化词出现。

对于运算结果是否生成了v^*P语段，本书认为，以论元结构的完整性作为判断标准更为合适。第六章将结合构成复杂谓语结构的具体动词进行判断。

总之，语段理论在优化推导和研究语言结构的局域效应方面具有极大的优越性(程工、田启林，2022)。语段不仅满足计算效率原则，而且在解决汉语句子的界限不明问题时发挥了很多优势。以印欧语的主–谓句子框架为视角分析汉语发现，大多数汉语句子要么成分缺失(如：无主语或者无谓语动词)，要么成分冗余(具有多重主语或多重谓语)。以复杂谓语结构为例，其包含的多个谓语成分对直接成分分析法、向心结构分析法、中心语投射理论等语法分析都造成了很大挑战。如果推导运算是以语段为基本单位的，那么句法分析就不必受单中心语投射或主–谓句子框架束缚，因为一个简单句可能包含多个语段[1]，其核心可能由多个语段中心语共同构成。总之，语段理论为解决复杂谓语结构引发的核心问题提供了新的视角。一旦多中心语链条成为简单句的基本构型，那么我们就可以解释为何复杂谓语结构具有多个核心，但仍然属于简单句这一语法范畴。

5.4 事件结构理论

运算结果提交至语义界面时，生成了一种层级结构。这种稳定

---

1. 论元结构完整的句子一般包含一个 v^*P 语段和一个 CP 语段。结构比较复杂的句子（如：汉语的复杂谓语结构、英语的控制结构）可能包含多个 v^*P 语段或多个 CP 语段。

的结构为语义解读奠定了基础。如5.1节所述，高级语义解读模式通常需要建立在一定的结构关系之上。不仅是题元赋值，即便是非组合意义，也是在对结构整体考量之后赋予的。无论哪种情况，运算系统都没有将语义当成孤立的实体。与分布式形态学具有异曲同工之妙的分布式解释主义(distributed interpretation thesis，简称DIT)认为，在严格的循环系统中，派生推导过程自身可以为语义解读提供诸多线索。虽然语义界面对句法运算结果的解读涉及一些非组合意义，但这不影响句法与语义之间的同构性。从计算复杂性角度看，句法组合和语义组合在递归步骤上是一致的，构成句法成分的短语同时也构成语义成分(如：量化名词短语、谓词的逻辑式等)。在语言形式与语义内容之间建立匹配关系是任何语法系统都具有的基本功能。当稳定的层级性表征结构(如：论元结构)生成之后，运算系统引入百科知识等语义信息，从而最终确定某个论元具体获得哪种题元角色。此过程往往需要参考论元在事件结构中的位置。

事件结构理论是在对动词类型划分的基础上提出来的，旨在将特质性意义(主要指动词的词汇意义)和结构性意义(主要指独立于词汇信息的结构整体意义)更好地融入到句法运算中。为了描述动词及其他语法范畴(如：时态)之间的逻辑关系和限制条件，哲学家和语言学家提议对谓词表达的事件进行分类。基于动词的体属性(aspectual property)，Vendler(1967)从四个维度对事件的类型进行了划分：状态(states)、活动、完成和达成，具体如下表所示。

表 1 动词的分类

states 状态	activities 活动	accomplishments 完成	achievements 达成
know 知道	run 跑	grow up 长大	recognize 认识
believe 相信	jog 慢跑	get ready 准备	find 找到
have 有	walk 走	paint a picture 画画	lose 丢失
love 爱	swim 游泳	deliver a speech 演讲	reach 到达
hate 恨	stroll 散步	recover from illness 康复	die 死

活动类事件和完成类(也称终结类)事件可以持续一段时间，能够使用进行态。状态类事件和达成类(也称实现类)事件不具有可持续性，因此不能够使用进行态。另一方面，活动类事件和状态类事件都没有明确的内在终结点，因此在时间上是无界的，非离散的，内部同质。状态类事件描述静态情景，而活动类事件描述动态情境。在汉语中，表达活动类事件可以在动词之前附加“在”或在动词之后加上“着”(如：“在飞”“飞着”)。达成类事件和完成类事件表示状态的改变，有明确的终结点，在时间上有界，内部异质。这两类事件在汉语中无法与现成的单语素动词对应，一般需要附带宾语或“了”“着”“到”等体标记(如：“丢了”“看着”“找到”)。

表 2 动词的语义特征分类

动词类型	语义特征		
states	–telic	−durative	−dynamic
activities	–telic	+durative	+dynamic
achievements	+telic	−durative	+dynamic
accomplishments	+telic	+durative	+dynamic

为了进一步描述动词的不同属性，上述两个维度的划分被解析为[+/−telic终结点]、[+/−durative可持续]、[+/−dynamic动态]等离散的语义特征(Andersen，1990；Smith，1991：30；Van Valin & LaPolla，1997：91–102)，如表2所示。这些特征在概念上是可分离的，但是在语言分析时面临一定的挑战。例如，“持续性”是动词固有的属性还是真实世界和语言知识之外的结果尚不清楚。Pustejovsky(2005)将“完成类”和“活动类”解读为“转变(transitions)”。Tenny(1987：20)则认为，完成类和达成类本质上是一样的，都模拟了事件的持续。Verkuyl(1993)提出，“完成”和“达成”这两个概念的区分涉及世界知识。

总体而言，Vendler(1967)对事件类型的划分为词汇语义表征和论元结构理论等语法分析奠定了重要基础。随后，Dowty(1979)开创性地应用原型动词DO、CAUSE和BECOME(BE)阐释了“状态”“活动”“完成”和“达成”这四种动词的表征问题。此后的相关研究普遍以此为参考标准。如下所示，致使句(47a)由致因(“He wipes the floor.”)和结果(“The floor is clean.”)两个子事件构成；包含不及物动词(unergative)的句子(47b)仅由一个单一的子事件DO构成。

(47) a. He wipes the floor clean.

[[DO (he, wipes (the floor))] CAUSE [BECOME [clean (the floor)]]]

b. John strolls.

[DO (John, stroll)]

Rappaport Hovav & Levin（1998）根据Vendler（1967）提出的事件类型进一步勾勒出了一系列事件语义模式，如例（48）所示。

（48） a. [x ACT <MANNER>] (activity)

b. [x <STATE>] (state)

c. [BECOME [x <STATE>]] (achievement)

d. [x CAUSE [BECOME [y <STATE>]]] (accomplishment)

e. [[x ACT <MANNER>] CAUSE [BECOME [y <STATE>]]] (accomplishment) (Rappaport Hovav & Levin，1998：108)

将常数套入上述某个事件语义模式中即可获得动词的具体意义。常数来自一个确定范畴，用三角括号标注，如上例中的manner（方式）、instrument（工具）和state（状态）。每个常数都有一个名称（即一串语音特征）。一组“标准的实现规则”决定了不同常数类型与不同事件类型的兼容性。

（49） a. manner → [x ACT <MANNER>]

(e.g., jog, run, creak, whistle, etc.)

b. instrument → [x ACT <INSTRUMENT>]

(e.g., brush, saw, shovel, etc.)

c. placeable object → [x CAUSE [BECOME [x WITH <THING>]]]

(e.g., butter, oil, paper, tile, wax, etc.)

d. place → [x CAUSE [BECOME [x <PLACE>]]]

(e.g., bag, box, cage, crate, garage, pocket, etc.)

e. internally caused state → [x <STATE>] (state)

(e.g., bloom, blossom, decay, flower, rot, rust, sprout, etc.)

f. externally caused state →[[x ACT] CAUSE [BECOME [y <STATE>]]] (e.g., break, dry, harden, melt, etc.)

为了分析复杂事件和次谓语，Rappaport Havov & Levin (1998) 提出了一种增容机制，允许基本的事件语义表达式被自由地添加到其他表达式中。如例(47a)所示，活动类事件就作为一个子事件添加到了完成类事件结构中。

与此同时，Rappaport Havov & Levin (1998)强调，动词可以将完整、良好的词汇语义表征引入句法派生过程，直接投射出复杂的事件结构。遗憾的是，该观点没有彻底摆脱词汇主义的局限(Lin，2004)。Vendler (1967)对事件的分类是基于整个动词短语而不是孤立的动词提出的。分类过程需要考虑的不仅是动词，还可能有直接宾语、状语，甚至是主语。例如，有些动词宾语的出现会造成事件类型发生改变(Dowty，1991；Tenny，1994；Jackendoff，1996)。虽然词汇语义表征是事件结构理论建立的基础，但是与论元结构相关的概念可能独立于事件的意义(Levin，1999)。这意味着除了词汇表达的特质性意义，一些结构专有的整体意义在句法运算中也发挥着至关重要的作用。鉴于此，Lin (2004)提出，事件结构和论元结构都是在句法运算过程中构建的。

对于可能由两个子事件构成的复杂性事件，Rappaport Havov & Levin (1998：108)提出了以下三种语义分解模式。如(50)所示，完成类事件分为有意愿致使和无意愿致使。

(50) a. 达成类事件：The cup broke.

[x BECOME <BROKEN>]

b. 完成类事件1(有意愿致使)：John hammered the silver flat.

[[x $\text{DO}_{<\text{HAMMER}>}$] CAUSE [y BECOME <FLAT>]]

c. 完成类事件2(无意愿致使)：The wind broke the window.

[x CAUSE [y BECOME <BROKEN>]]

(51) a. 张三喝醉了。[张三 BECOME 〈喝醉〉]

b. 李四喊哑了嗓子。[[李四 $\text{DO}_{\langle\text{喊}\rangle}$] CAUSE [嗓子 BECOME〈哑〉]]

c. 这瓶酒喝醉了张三。[这瓶酒 CAUSE [张三 BECOME 〈喝醉〉]]

据此，熊仲儒、刘丽萍(2005)将汉语动结式的事件语义概括为(51)。该分析较为全面地描述了汉语动结式的事件结构，但是忽略了英汉动结式在语义和句法方面的差异。(50a)中的BECOME后面需要搭配的是状态类词根，而(51a)中的“喝醉”不是合格的选项。事实上，(51a)“张三喝醉了”更符合(50b)模式，即[[张三$\text{DO}_{<\text{喝}>}$] CAUSE [张三 BECOME <醉>]]，与(51b)的类型完全一致。但是应用(50b)分析“张三喝醉了”这类句子所面临的最大问题是，存在“喝”和“醉”这两个子事件，却只有一个论元“张三”，违反了“事件–论元匹配原则”(Rappaport Havov & Levin，1998)。显然，该问题的根源在于论元共享现象，本书将在分析动结式的生成过程中进行探讨。

为了分析汉语动结式的事件语义，杨大然(2018)提出了一种新的事件类型v_{CHANGE}。v_{CHANGE}事件涉及√V1和√V2两个词根，但有别于DO和BECOME这两个事件的加合，本质上属于一种单一的独立事件。由于缺乏语类信息和论元选择信息，词根仅具有百科知识所编码的事件语义信息，自身并不具有任何事件参与者的信息。通过对事件类型的重构，v_{CHANGE}分析法避开了同一论元被两个谓词选择的问题。此外，作为一种单一的整体事件，v_{CHANGE}在分析动结式的生成过程中解释力有限。v_{CHANGE}编码的是从某种活动方式事件到其所引发的某种结果状态的整体变化过程，只适合分析外论元共享型动结式(如："张三喝醉了。")，既解释不了英语分离型动结式(如："John hammered the metal flat.")，也不适合分析内–外论元递接共享型动结式。例如，在"张三打碎了杯子"一句中，对于"杯子"而言，"打碎"不是一个整体事件，因为"杯子"只经历了"碎"的状态，而没有发出"打"的行为；即便认为"杯子"是被"打"的，获得受事角色，但是其与"碎"之间的关系又完全不同。总之，为分析某类动结式而专门提出的单一事件v_{CHANGE}在理论构建上过于特殊，虽然$\surd V_1$和$\surd V_2$必须组合在一起才能表达整个结构的事件语义，但这并不意味着它们构成的是一个单一事件。事实上，"复杂事件"正是为了解决这类问题而提出的。

由两个以上子事件构成的复杂事件在分析汉语复杂谓语结构的语义表征方面发挥了极大的优势。这类结构中的第一个谓词性成分动作义较强，通常可分析为活动类事件；第二个谓词性成分既可能表达活动类事件，也可能表示状态类或达成类事件，可能已经实现，也可能尚未实现。第六章将在具体的生成过程中，根据不同动词的情况进行分析。总体而言，事件结构理论为句法–语义接口研究提供了系统的参考。一方面，该理论为语义解读奠定了基础。另一方面，不同的事件语义对推导运算产生了不同的影响。

由于论元的句法实现是由结构关系而不是动词自身决定的，将论元引入句法运算的成分应当是体现结构意义的功能语素，而不是具有特质意义的实义动词词根。在新戴维森事件语义（Compositional neo-Davidsonian Event Semantics）模型中，所有论元都是由独立的事件函项（function）引入的（Parsons，1990），而后在修饰语位置合并（Siddiqi，2009）。基于这一研究思路，事件轻动词假设（Huang et al.，2009）将事件函项与轻动词v的句法功能相结合，并根据不同的事件类型对轻动词进行了语义分类。在句法运算过程中，v_{DO}构建的是活动类事件（包括非作格和及物动词），v_{BE}构建状态类事件，v_{BEC}构建的是达成（即状态改变）类事件。v_{CAUSE}构建完成类复杂事件。这些轻动词对合并操作起着不同的推动作用（详见6.2节）。

总之，无论是论元结构还是事件结构，都对语言的构造产生了重要影响。相关句法–语义接口理论进一步凸显了论元的实现问题在语言研究中的必要性。

5.5 小结

本章在形式语言学的研究范式下，介绍了语言系统的组构机制和运算过程，并基于分布式形态学的研究理念，结合语段理论和事件结构理论，提炼出了分析汉语复杂谓语结构的生成模式。

第六章

现代汉语复杂谓语结构的生成

第六章　现代汉语复杂谓语结构的生成

对于一般的简单句而言，复杂谓语结构确实具有特殊性，但并不意味着它们在母语者的大脑中是作为固化的结构被整体存储的。根据形式语言学的研究理念，这类结构如同普通句子一样，都是语言构造机制对离散的语素进行即时加工的结果。本章将根据第5.1节提出的生成模式，对复杂谓语结构的构造过程进行系统分析。整个生成过程以功能性成分为核心，以待核查的形式特征(checking features)为驱动力，通过对语素的合并操作，以语段为单位逐步完成。

在复杂谓语结构的生成过程中，论元如何实现是无法回避的问题。如第三章所述，应单句性要求，语义同指的两个论元无法同时获得语音形式，其中一个必须被删除。否则，要么句子不可接受(如："请他他来。")，要么整个结构变成了复句(如："种菜吃菜。""踢啥啥破。")。这种因语音删除而造成的论元共享现象给语法分析带来了很大的挑战。本章将应用"复制+内合并"操作探索这类问题的解决方案。既然论元共享问题由语音删除引起，那么语法分析就应当还原其本来面貌。语言的构建机制对共享论元进行复制，生成多个拷贝。语音界面受经济性原则的制约，通常仅拼读一个拷贝，但是语义界面为了满足交际充分性原则，仍然能够解读所有拷贝。在语义解读的过程中，凡是出现在题元位置的论元拷贝都可以获得题元角色。如此一来，“一个论元同时获得两种题元角色或充当两种语法功能”给语法分析带来的问题，可通过生成拷贝的方式得到彻底解决。

在阐述复杂谓语结构的生成过程之前，本章将首先对汉语复杂谓语结构中的语段进行判断。

6.1 复杂谓语结构中语段的判断

根据5.3.2节介绍的语段判断标准（重述为例52），本节对复杂谓语结构内部是否生成了CP语段进行判断，主要考察外论元共享、内–外论元同时共享和内–外论元递接共享这三类典型的复杂谓语结构。

（52）a. 检测成分可以省略。

b. 检测成分可以直接被前置于句首或借助分裂句被提取到句首。

c. 检测成分可以被量化词的辖域全部覆盖。

首先，作为语音上的一个整体单位，CP语段通常可以被省略。例如，在并列复合句（53a）中，与前一个分句相同的宾语从句可以省略，说明宾语从句具备CP语段的独立性。相比之下，在包含复杂谓语结构的并列句（例53b–q）中，即使两个分句的第二个谓词性成分相同，后者也不能省略。

(53) a. 张三听说李四退休了，老王也听说李四退休了。=张三听说李四退休了，老王也听说了。
b. 我去市场买菜，他也去市场买菜。≠我去市场买菜，他也去市场。(不一定买菜)
c. 我们买票看电影，他们也买票看电影。≠我们买票看电影，他们也买票。(不一定自己看电影，可能作为礼物送给别人)
d. 他哭累了，我也哭累了。≠他哭累了，我也哭了。
e. 他唱哭了，我也唱哭了。≠他唱哭了，我也唱了。
f. 他喝醉了，我也喝醉了。≠他喝醉了，我也喝了。
g. 他倒水喝，我也倒水喝。≠他倒水喝，我也倒水。(不一定自己喝)
h. 他做饭吃，我也做饭吃。≠他做饭吃，我也做饭。(不一定自己吃)
i. 我们找个人问问，他们也找个人问问。≠我们找个人问问，他们也找个人。
j. 我们种那种菜吃，他也种那种菜吃。≠我们种那种菜吃，他也种那种菜。(不一定自己吃)
k. 他买那种书收藏，我也买那种书收藏。≠他买那种书收藏，我也买那种书。(不一定收藏)
l. 他劝我退休，你也劝我退休。≠他劝我退休，你也劝我。(不一定劝我退休)
m. 厂长派我去北京，书记也派我去北京。≠厂长派我去北京，书记也派我。(不一定派去北京)
n. 叔叔买那种书给我看，哥哥也买那种书给我看。≠叔叔买那

种书给我看，哥哥也买那种书。(不一定给我看)

o. 他打死了一只苍蝇，我也打死了一只苍蝇。≠他打死了一只苍蝇，我也打了。(但可能没打中或没打死)

p. 妈妈洗干净了衣服，小丽也洗干净了衣服。≠妈妈洗干净了衣服，小丽也洗了。(但可能没洗干净)

q. 张三踢破了球，李四也踢破了球。≠ 张三踢破了球，李四也踢了。(球不一定破了)

如例(53b)所示，在“我去市场买菜，他也去市场买菜”中，两个分句不仅都是复杂谓语结构，而且所包含的两个谓词性成分“去市场”和“买菜”完全相同。但是，当第二个谓词性成分“买菜”被省略后，句子“我去市场买菜，他也去市场”的信息却出现了明显的缺失或改变。这表明“买菜”不像宾语从句那样具备语音上的可分离性，与句法独立的CP语段相去甚远。例(53c–q)的情况同此。总体而言，大部分复杂谓语结构的第二个谓词性成分都无法像CP语段那样被省略。

为了避免受语言形式或语义兼容性的影响，本书将采用多种方法进行检验。作为一个语音上的整体单位，CP语段不仅可以省略，而且可以被前置，或出现在假分裂句的焦点位置。普遍认为，宾语从句生成了CP语段，因为它们通常可以作为强调成分，出现在主动词之前，如例(54a)所示(详见例44)。然而，复杂谓语结构的一大特征是语序固定(如3.1.3所述)，这意味着后动词部分往往不能被直接前置。

(54) a. 李四买了一辆日产车，张三听说。

b. *买菜，我去市场。/ *看电影，我们买票。

c. *累了，他哭。/ 哭了，他唱。

d. *醉了，他喝。

e. *喝，他倒水。/ 吃，他做饭。/ *问问，我们找个人。

f. *吃，我们种那种菜。/ *收藏，他买那种书。

g. *喝，他给了我一碗汤。

h. *退休，他劝我。

i. *去北京，厂长派我。

j. *给你看，他买那种书。

k. *死了一只苍蝇，他打。

l. *干净了衣服，妈妈洗。

m. *破了球，他踢。

事实也确实如此。如例(54b–m)所示，无论是外论元共享型还是内–外论元同时共享型复杂谓语结构，都不允许后动词(短语)直接被前置。虽然对于内–外论元递接共享型复杂谓语结构而言，例(54i)“[去北京]$_F$，厂长派我”这种说法在表示强调的情况下，可以接受，但是其意义显然已经偏离了原句“厂长派我去北京”。至于复杂谓语结构的后动词是否真正可以作为独立成分出现在焦点位置，假分裂句的判断结果更为准确。如5.3.2节所述，宾语从句通常可以出现在假分裂句的焦点位置“V的是[……]$_F$”，因此被认为生成了独立的CP语段。相比之下，如果把复杂谓语结构中的后动词放入这类焦点位置，没有一个句子是可以接受的。这种绝对不合语法的情况表明，复杂谓语结构中的后动词部分不具有CP语段的独立性。

(55) a. 张三听说的是[李四买了一辆日产车]$_F$。

b. *我去市场的是[买菜]$_F$。/*我们买票的是[看电影]$_F$。

c. *他哭的是[累了]$_F$。/*他唱的是[哭了]$_F$。

d. *他喝的是[醉了]$_F$。

e. *他倒水的是[喝]$_F$。/*他做饭的是[吃]$_F$。/*我们找个人的是[问问]$_F$。

f. *我们种那种菜的是[吃]$_F$。/*他买那种书的是[收藏]$_F$。

g. *他给了我一碗汤的是[喝]$_F$。

h. *他劝我的是[退休]$_F$。

i. *厂长派我的是[去北京]$_F$。

j. *他买那种书的是[给你看]$_F$。

k. *他打的是[死了一只苍蝇]$_F$。

l. *妈妈洗的是[干净了衣服]$_F$。

m. *他踢的是[破了球]$_F$。

此外，量化词提升检测法也可以验证上述结论。由于量化词出现的位置通常与语段的边缘位置一致，根据量化词的解读范围，我们可以判断第二个谓词性成分是否生成了CP语段。例如，在包含宾语从句的复句中，量化词不仅可以出现在句首，而且能够出现在宾语从句之前。然而，在复杂谓语结构中，“一些”“所有”等量化词虽然可以出现在句首，却无法插入到后动词之前。这说明复杂谓语句的后动词不具有语段的可分离性和独立性。

(56) a. *所有*他买票看的电影(都是最新的)。

b. *他买票*所有*看的电影(都是最新的)。

c. *一些*昨天去市场买的菜(都坏了)。

d. *昨天去市场*一些*买的菜(都坏了)。

e. *所有*他倒(着)喝的水(都是热的)。

f. *他倒(着)*所有*喝的水(都是热的)。

g. *一些*他种(着)吃的菜(都是最贵的)。

h. *他种(着)*一些*吃的菜(都是最贵的)。

i. *所有*他买(了)收藏的书(都捐给了图书馆)。

j. *他买(了)*所有*收藏的书(都捐给了图书馆)。

k. *一些*他给我喝的汤(都凉了)。

l. *他给我*一些*喝的汤(都凉了)。

m. *一些*他买给我看的书(都是二手的)。

n. *他买*一些*给我看的书(都是二手的)。

o. *所有*他要求我们完成的任务(都有价值)。

p. *他要求*所有*我们完成的任务(都有价值)。

q. *所有*他逼我喝过的药(都是假的)。

r. *他逼*所有*我喝过的药(都是假的)。

s. *所有*他打死的苍蝇(都扔到了窗外)。

t. *他打*所有*死的苍蝇(都扔到了窗外)。

u. *所有*妈妈洗干净的衣服(都叠放好了)。

v. *妈妈洗*所有*干净的衣服(都叠放好了)。

w. *一些*他踢破的球(是学校的)。

x. *他踢*一些*破的球(是学校的)。

鉴于量化词一般附着在名词短语上，包含量化词的句子通常充当的是名词的定语从句。为了确保检测的经济性，以上各例均以原结构中的共享论元为定语从句的中心语。因此，例(56)选用的都是前动词或后动词带有宾语的复杂谓语结构。总之，经省略法、前置法、假分裂句，以及量化词的位置等方法检测，本研究判定，复杂谓语结构中的第二个谓词性成分不具有语段的独立性，没有生成像标准句子或宾语从句那样的CP语段。

6.2 复杂谓语结构的生成过程

根据5.1节介绍的语言生成机制，本节阐述复杂谓语结构的具体生成过程，并探讨论元共享问题的解决方案。由于实义语素无法直接参与句法运算，光杆的词根与功能语素合并后才能进入句法运算。如图(57)所示，词根“√书”与定类语素n及相关的名词性特征合并生成名词“[√书]$_{n}$”，词根“√干净”与定类语素a及相关的形容词性特征合并生成形容词“[√干净]$_{a}$”，词根“√收藏”与定类语素V及相关的动词性特征合并生成动词“[√收藏]$_{V}$”。这些获得了词类属性的成分可通过直接合并(direct merge)的方式参与运算(如：“[$_{CP}$[$_{TP}$[√衣服]$_{NP}$[$_{TP}$[$_{vP}$[√干净]$_{a}$]]]]了。”)，也可以被其他成分修饰或补充说明，生成具有相应核心的短语结构(如：“[√很累]$_{AP}$”“[√大哭]$_{VP}$”“[√这种书]$_{DP}$”)，再进一步参与运算。此外，由于轻动词所表达的事件语义既包括词汇性意义，又包括结构性意义，轻动词作为功能语素具有特殊性。与轻动词合并的可能是光杆的词根(如：“√去”“√干净”“√收藏”)，也可能是已派生的短语结构(如：“[[√收藏]$_{V}$[√图书]$_{NP}$]$_{VP}$”“[[√很]$_{ad}$[√干净]$_{a}$]$_{AP}$”)。总体而言，在功能语素的驱动下，多次递归式合并可一步一步生成更大的语言单位。下文将逐一展示各种典型复杂谓语结构的构造过程。

(57) a. b.

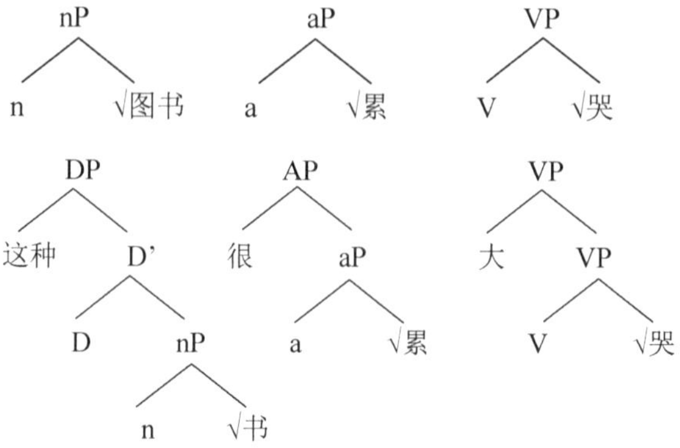

6.2.1 外论元共享型复杂谓语结构的生成

如5.4节所述，通过与不同类型的轻动词合并，运算结果被语义界面解读为不同类型的事件结构。v_{DO}构建的是活动类事件(包括非作格和及物动词)，v_{BE}构建状态类事件，v_{BEC}构建的是达成(即状态改变)类事件。v_{CAUSE}构建完成类或致使类复杂事件，v_{TS}构建的是具有时序特征的复杂事件。这些具有不同事件语义的轻动词可进一步与其他成分合并，生成语段。多个语段逐步合并可生成完整的句子。无论谓语部分包含多少个核心，整个句子都能够通过递归的方式生成。

具体而言，在外论元共享型复杂谓语结构(31Ia)“我买票进去”的生成过程中，词根“√进去”的语义属性决定与其直接合并的轻动词为v^*_{DO}。为了核查v^*_{DO2}的选择性特征[1]，名词性成分“[√我]$_{DP}$”和“[√票]$_{n}$”都可能在v^*_{DO2}的标示语位置([Spec, $v^*_{DO}P_2$])合并。具有完整命题结构(即论元结构)的$v^*_{DO}P_2$可生成语段，而后提交其域内成分。词根“√进去”的语义特征基于语义界面的百科知识获得了诠释。语段中心语v^*_{DO2}及其边缘位置([Spec, $v^*_{DO}P_2$])的“[√我]$_{DP}$”和“[√票]$_{n}$”没有被提交，可继续参与句法运算，如图(58)所示。

(58)

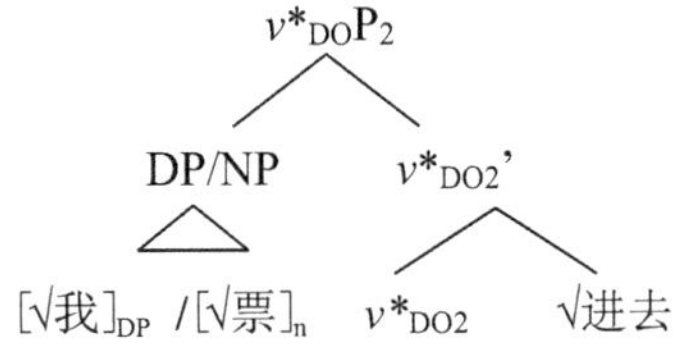

1. 根据Chomsky(2004)，合并操作不是完全任意的，而是受特征核查的驱动。本研究提出的选择性特征主要来自谓词对论元的需求，其数量与动词的配价基本一致。一价动词只有一个待核查的选择性特征，可通过非宾格动词与其内论元合并或事件轻动词与外论元合并而得到满足。二价动词有两个待核查的特征，既须及物动词与其内论元合并，又须轻动词与外论元(如：“张三打李四”中的“打”必须选择一个内论元，事件轻动词v_{DO}必须选择一个外论元)。当“[词根]$_{n}$”的数量少于选择性特征的数量时，已进入运算系统的名词性成分可通过复制操作生成多个拷贝，以内合并的方式满足所有待核查的选择性特征。此处，具有意愿控制和自主意义的“进去”需要外论元，具有完整的论元结构，因此生成的是v^*P语段。

与此同时，词根“√买”的意义决定其一旦派生为动词，就具有及物性。该成分首先生成及物动词“[√买]$_{V1}$”。为了满足该动词对内论元的需求，运算系统对“[√我]$_{DP}$”和“[√票]$_{n}$”进行复制，生成了多个名词拷贝。动词“[√买]$_{V1}$”可能与“[√票]$_{n}$”的拷贝合并，生成及物性动词短语“[[√买]$_{V1}$[√票]$_{n}$]$_{VP1}$”，也可能与“[√我]$_{DP}$”的拷贝合并，生成及物性动词短语“[[√买]$_{V1}$[√我]$_{DP}$]$_{VP1}$”。这类动词短语的意义决定与其合并的轻动词仍是v^*_{DO}。当$v^*_{DO}P_1$语段生成后，域内成分被提交。语义界面基于百科知识对生成结果进行解读。词根“√买”的语义特征被识别，“[[√买]$_{V1}$[√我]$_{DP}$]$_{VP1}$”因违反百科知识被排除，“[[√买]$_{V1}$[√票]$_{n}$]$_{VP1}$”与百科知识信息兼容，最终获得了诠释。为了核查v^*_{DO1}的选择性特征，唯一所剩的名词性成分“[√我]$_{DP}$”继续复制，所生成的拷贝内合并到[Spec, $v^*_{DO}P_1$]位置，如(59)所示。$v^*_{DO}P_1$语段提交后，最终被拼读的是其内部的“[√票]$_{n}$”拷贝，而不是$v^*_{DO}P_2$内部的“[√票]$_{n}$”母本，因为$v^*_{DO}P_1$的层级位置比$v^*_{DO}P_2$更高。根据线性对应原则，处于层级结构中位置最高的拷贝(即最后生成的拷贝)通常被拼读。语段中心语v^*_{DO1}及其边缘位置([Spec, $v^*_{DO}P_1$])的“[√我]$_{DP}$”没有被提交，在句法运算中处于活跃状态。

(59)

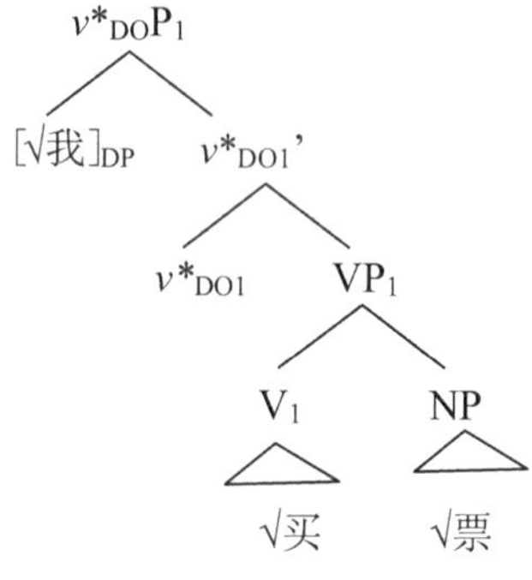

须指出，与语音界面的拼读不同，在句法运算中，$v^*_{DO}P_2$和$v^*_{DO}P_1$这两个语段是同时生成的。鉴于复制操作是应核查句法特征而发生的，且拷贝生成在(内)合并操作之前，一个名词完全可能同时被多个功能语素选择(如：v^*_{DO2}和[√买]V_1)，并行生成多个短语或语段。可以说，“[√我]$_{DP}$”和“[√票]$_n$”这两个名词性成分及其拷贝参与合并操作不分先后顺序。只有上一级语段提交之后，运算结果才不可回视。由于运算系统不参与线性化操作，其所处理的对象都是处于集合关系的特征集(即语素)，这种并行合并(parallel merge)的操作理念在以语段为基本运算单位的动态生成模式中是完全可行的。

基于6.1节的语段检测结果，后动词短语$v_{*DO}P_2$没有进一步生成句法独立的CP语段。因此，与之合并的是功能不完整的T_{def}[1]。$T_{def}P$

1. 由于缺乏时态标记，汉语句子能否生成TP尚存争议(Sybesma，2007)。为了与主流研究(Chomsky，2004)的表述一致，本文暂用$T_{def}P$指称缺乏语段独立性的运算结果，用TP指称最终能生成CP语段、具有充分句法独立性的运算结果。由于无法从语段中心语C处继承任何形式特征，T_{def}不具备指派主格的能力，缺失了很多语法功能，是否具有EPP特征尚存争议。鉴于这一问题非本研究的重点，具体生成过程对T_{def}的EPP特征及其标示语位置[Spec, $T_{def}P$]暂不讨论。

生成后，与轻动词v_{TS}[1]合并。这类轻动词仅起到连接两个谓语部分的作用，没有论元结构，因此不构成语段，如图(60)所示。

(60)

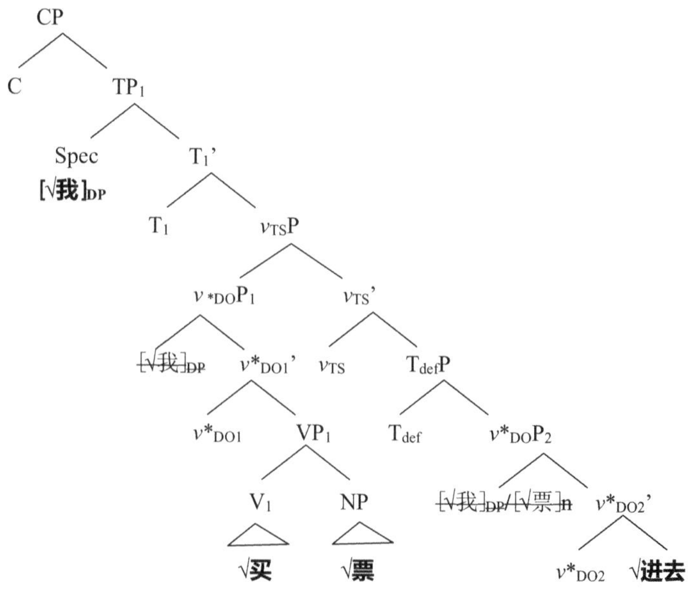

$v_{TS}P$生成后，与形式特征完整的T_1合并，生成T_1'。[Spec, $v^*_{DO}P_1$]位置的"[√我]$_{DP}$"因一直处于语段边缘而没有被提交，可进

1. 虽然构成复杂谓语结构的两个谓词之间的语义关系较为复杂，可能包括因果、目的、方式或承接等，但是这些具体的语义类型都可以纳入到时间先后顺序这一时序范畴(如3.2.1节所述)。鉴于此，本研究统一使用v_{TS}表述连接前、后两个谓词的轻动词。与v_{TS}合并的通常是短语结构(如：$T_{def}P$、$v^*_{DO}P$、$v^*_{BEC}P$)。经v_{TS}引入运算的成分类型多样，所涉及的语义关系超越了论元层面。本研究认为，这类超论元的语义信息属于构造复杂事件的连接点，不参与论元结构的构建，也并非命题形成的必备要素。因此，$v_{TS}P$不构成语段。

一步合并至[Spec, TP_1]位置，核查T_1的EPP特征。所有待核查特征得到赋值后，CP语段生成，句法运算成功聚合(converge，即推导运算结束)。至此可以看出，$v*_{DO}P_2$和$v*_{DO}P_1$对外论元的需求通过“[√我]$_{DP}$”的母本及其拷贝分别在[Spec, $v*_{DO}P_2$]和[Spec, $v*_{DO}P_1$]位置合并得到了满足。

在语音界面拼读之前，运算结果还可能经历后句法阶段的操作。如5.1节所述，如果句法推导的结果与最终的表层形式不一致，后句法阶段就会进行形态调整。该操作与“非篡改条件”并不矛盾。后者强调的是，一旦语段的域内成分被送入界面，就不能再参与句法运算；而前者是在运算结果生成之后进行的修饰性调整，本身不属于运算推导环节。形态调整完成之后再进行线性化操作。线性化过程中，根据线性对应原则，一个句法成分不能与支配节点相互成分统制，否则无法被语音识别(具体见5.1节)。而由同一个母本生成的多个拷贝往往处于这类结构关系中。因此，最终只能有一个拷贝获得语音形式。这个拷贝通常位于层级结构上的最高位置。

如例(60)所示，CP语段提交至语音界面后，语音特征插入，[Spec, TP_1]位置的“我”拷贝获得了语音形式和主格，其余低层位置([Spec, $v*_{DO}P_2$]和[Spec, $v*_{DO}P_1$])的“我”拷贝都被语音界面删除。$v*_{DO}P_2$域内的“√进去”，V_1处的“√买”以及NP处的“√票”被拼读，最终实现为“我买票进去”。

在语义界面，所有被提交的成分都必须接受语义筛查和解读。百科知识基于词根“√进去”的语义特征进行识别，排除了与之语义不兼容的“[√票]$_n$”，诠释了与之语义信息兼容的“[√我]$_{DP}$”(即语义界面最终解读为“我进去”而不是“票进去”)。基于

v^*_{DO}的语义信息，活动类事件得到诠释。整个结构专有的（目的/方式）意义通过v_{TS}携带的语义信息获得诠释。在题元赋值方面，［Spec, $v^*_{DO}P_2$］位置的“［√我］$_{DP}$”获得了v^*_{DO2}事件指派的施事题元角色。［Spec, $v^*_{DO}P_1$］位置的“［√我］$_{DP}$”获得了v^*_{DO1}事件指派的施事角色。论元共享与题元理论之间的冲突通过论元的拷贝和母本分别承担题元角色的设想而得到了化解（袁芳，等，2018）。

名词拷贝承担题元角色的设想是合理且可行的。首先，拷贝是句法独立的实体，具备与母本相同的特征集和完全等同的句法功能。例如，当“［词根］$_n$”的数量少于论元结构的要求时，运算系统启动复制操作，对运算集合（主要由已进入推导运算的活跃成分构成）中的名词性成分进行加工，所生成的拷贝合并到需要填充论元的位置，以核查相关的选择性特征。既然论元的拷贝可以在运算过程中满足选择性特征，那么在语义界面接受解读也是顺理成章。其次，当运算结果提交至语义界面后，应表达充分性的要求，所有拷贝都可以获得解读。至于拷贝是否承担题元角色，由其合并的位置决定。如第5.1节所述，题元赋值不可能在前期的派生运算中与论元结构的构建同时进行，而须等到一个相对稳定的层级关系形成之后才能够实现。因此，只有当层级结构提交至语义界面，才能完成题元角色的指派。可以说，题元赋值是与语义解读同步进行的。如果名词的拷贝合并在论元位置，则必然像母本一样获得题元角色；如果合并在非论元位置，自然无需承担。总之，在以语段为基础的动态派生模式下，论元的拷贝可以，但不必承担题元角色。这为解决论元共享问题提供了理论上的可能。另一方面，生成拷贝的一切特征都来源于母本，整个运算过程没有添加或改变任何特征或信息，符合理论构建的最简性。

最后，运算结果还可作为一个整体接受语义界面的解读，并基于百科知识等语义信息获得更多的非组合意义。这种非组合义对分析汉语语言结构尤为重要。受双音节化的影响，现代汉语中双语素组合的比例很高，且意义不透明。例如，“水泥”的所指并不等于“水”和“泥”两个语素的意思之合。这种语言单位虽然由合并操作生成，但是在意义上已凝固为一个整体单位。这一特性意味着在推导运算结束之后，形式与意义之间可以再次进行匹配。对于汉语语言系统而言，句法派生的结果在语义界面会接受更多基于百科知识的解读。汉语句法结构受习语等语义因素影响的比例很大。

其他外论元共享型复杂谓语结构的生成与上述过程类似，仅在以下方面略有差别。“我放声大哭/大笑”“他上楼睡觉”中，第一个谓词性成分由“放声”“上楼”等动作整体充当，无需生成动词短语，而是作为词根直接与轻动词v^*_{DO}合并。在例(31Ib)“我去市场买菜”和“我们买票看电影”的生成过程中，各个谓词性成分先生成动词短语“$[[\surd$买$]_{V2}[\surd$菜$]_n]_{VP2}$”“$[[\surd$去$]_{V1}[\surd$市场$]_n]_{VP1}$”和“$[[\surd$看$]_{V2}[\surd$电影$]_n]_{VP2}$”“$[[\surd$买$]_{V1}[\surd$票$]_n]_{VP1}$”，而后再分别与轻动词v_{DO}合并。语段提交后，语义解读和语音拼读的方式与图(60)完全一致。合并在[Spec, $v^*_{DO}P_2$]位置的“$[\surd$我$]_{DP}$”满足后动词对外论元的需求，合并在[Spec, $v^*_{DO}P_1$]位置的“$[\surd$我$]_{DP}$”满足前动词对外论元的需求。

例(31Ic)的生成方式与图(60)差别较大，主要体现在第二个谓词性成分的构造过程上。该成分表达的事件涉及结果或状态的改变，动作义很弱，状态性极强，形式以形容词为主(高增霞，

2007)。这一特点决定了与其合并的轻动词类型为v^*_{BEC}。例如，在“他哭累了”的生成过程中，结果词根“√累”在v^*_{BEC}的补语位置（[v^*_{BEC}P, Comp]）合并，其拷贝内合并至功能中心语v^*_{BEC}。论元结构完整的v^*_{BEC}P生成了语段。其域内成分被提交后，中心语位置的“v^*_{BEC}-√累”及其标示语位置（[Spec, v^*_{BEC}P]）的“[√他]$_{DP}$”仍可参与句法运算，如(61)所示。

(61)

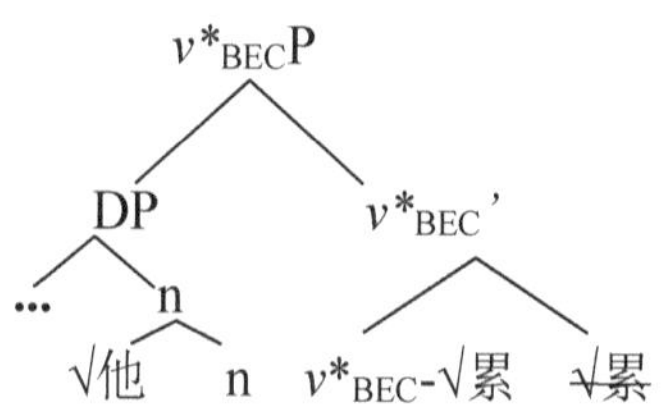

第一个谓词性成分一般由具体的、动作性强的动词充当，表示的是具有[+自主]特征的活动类事件。这一特点决定了与词根“√哭”合并的是可以表达活动性事件语义的轻动词v^*_{DO}。v^*_{DO}P语段生成后，域内部分被提交至语义界面，词根“√哭”的语义特征基于百科知识获得诠释，如图(62)所示。由于第一个谓词性成分不表达体态[1]，不具有体特征的v^*_{DO}P不会进一步生成T_{def}P或TP，而是直接与轻动词v_{TS}合并[2]。为了核查v^*_{DO}的选择性特征，“[√他]$_{DP}$”复

1. 经体标记“了”和“没(有)”检测，第二个谓词性成分具有完成体特征，可进一步生成TP。而第一个谓词性成分不具有这类属性。鉴于汉语体特征的实现并非本研究的重点，我们暂不考虑体标记“了”的生成。下文统一用T表示汉语在时、体方面的特征。

2. 此处的轻动词具有强致使性，一些研究采用v_{CAUSE}进行分析。鉴于因果关系可以纳入更广泛的时序范畴，为了表述一致，与前、后两个谓词构成的子事件合并的轻动词在本研究中统一被表述为v_{TS}。

制拷贝，内合并到[Spec, $v*_{DO}$P]位置，并最终合并至[Spec, TP_1]位置，核查T_1的EPP特征。所有待核查特征被赋值后，CP语段生成，推导运算结束。前、后两个谓词性成分对论元的需求通过“[√他]$_{DP}$”的母本及其拷贝分别在[Spec, $v*_{BEC}$P]和[Spec, $v*_{DO}$P]位置合并得到了满足。在语义界面，$v*_{BEC}$携带的语义信息被诠释为结果事件或状态改变类事件，$v*_{DO}$携带的语义信息被诠释为活动类事件，整个结构专有的致使意义通过v_{TS}携带的语义信息而获得诠释。在题元赋值方面，[Spec, $v*_{BEC}$P]位置的“[√他]$_{DP}$”获得了$v*_{BEC}$事件指派的经事题元角色。[Spec, $v*_{DO}$P]位置的“[√他]$_{DP}$”获得了$v*_{DO}$事件指派的施事角色。

(62)

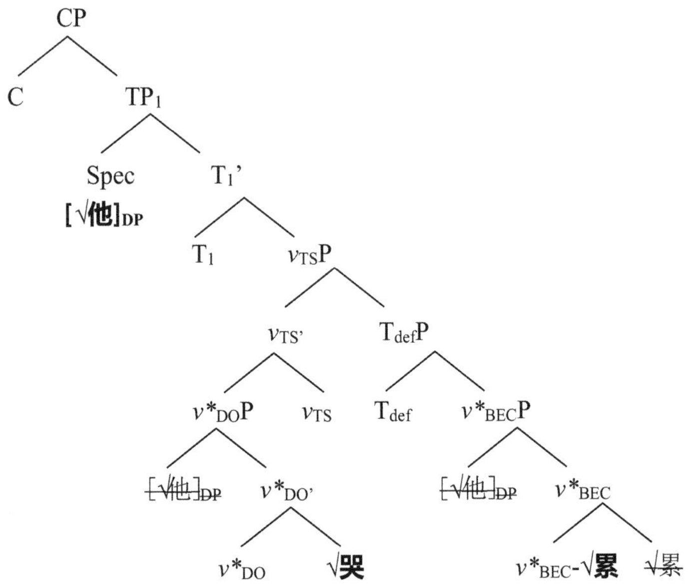

在后句法阶段（线性化和语音特征插入之前），应现代汉语多音节化及致使表达的要求，例（31Ic）的生成还须经历语素重组（morphemes combination）这类形态调整操作。致使意义在语言结构中的体现方式主要有三种：词汇型、形态型和分析型（Comrie，1989：171–174）。这三种形式在古汉语中都很常见。词汇型致使可体现为直接作使动之用的单音节语素（如："死之""胜之"），形态型致使可通过改变韵律的方式得到实现（如："饮（yìn）马""好（hào）之"），分析型致使可通过兼语句（如："令赵王鼓瑟"）等特殊句式表达。随着现代汉语使动形态标记的大量消失和多音节化（主要是双音节化）的发展要求，单音节语素很少直接作使动之用。词汇型致使主要借助黏合型复合结构实现，表示活动的语素必须与表示结果的语素组合起来，构成多语素结合体（如：从"胜"到"战胜"，从"死"到"打死"）。具体而言，当图（62）的推导结果提交至后句法阶段，结果词根"√累"从补语位置提升到上层语段中心语v_{TS}处，并在双音节化的驱动下，进一步与已提交的词根"√哭"合并为"[√哭√累]"结合体。这种后句法阶段的操作主要受音系规则驱动[1]，是对已提交成分进行的重新组配，没有增加任何新的句法或语义信息，也不存在回视问题，符合"形态调整操作不

1. 程工、杨大然（2016）提出，当后句法阶段发生形态合并时，结果词根和 v_{BEC} 整体移位，最终嫁接至 V_1。如果只是为了语音拼读，那么轻动词连同词根一起移位就不符合理论分析的经济性。杨大然（2021）基于功能语素"路径（PATH）"的不同插入要求来解释合并的动因。但是为了同时满足 CAUSE 的弱动词特征和 PATH 的非严格邻接要求，在后句法阶段才引入词根 √V1，有违"形态调整操作不改变基本的句法或语义属性"的原则。鉴于形态调整和音系操作是造成外在语言差异的主要原因，我们认为现代汉语多音节化这类音系规则充当语素重组的动因更为合适。这与该结构的语序演变动因也是一致的（见第 1.3 节）。

改变基本句法或语义属性”的原则(Embick & Noyer，2001)。在语音拼读过程中，“[√哭√累]”结合体作为一个双音节单位被拼读。“她唱哭了”的生成过程同此。

“他看烦了(这本书)”的生成过程略有不同。首先，词根“√烦”生成$v*_{BEC}$P语段。为了核查$v*_{BEC}$的选择性特征，“[√他]$_{DP}$”在[Spec, $v*_{BEC}$P]位置合并(“[这本书]$_{DP}$”也可在此合并，但生成结果“这本书烦了”提交至语义界面后被百科知识排除)，如图(63)所示。与此同时，词根“√看”的意义决定其一旦派生为动词，就具有及物性。因此，该成分首先生成及物性动词短语“[[√看]$_V$[√这本书]$_{DP}$]$_{VP}$”[1]，再与$v*_{DO}$合并，生成$v*_{DO}$P，最后与v_{TS}合并。后续生成同图(62)。

(63)
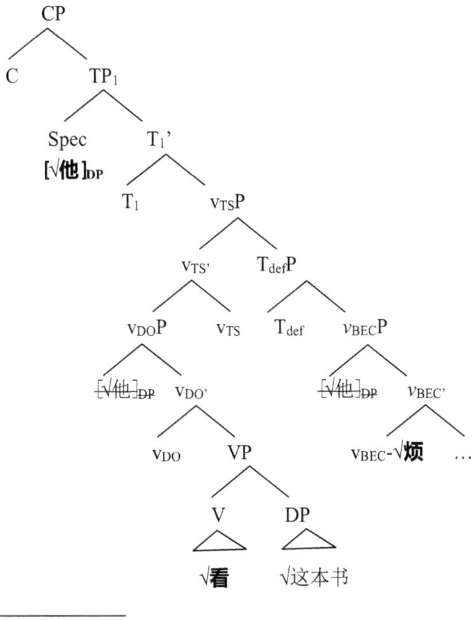

1. 二价动词“[√看]$_V$”的第一个选择性特征既可以通过外合并一个新的成分“[√这本书]$_{DP}$”得到满足，也可以通过内合并“[√他]$_{DP}$拷贝”得到核查。当“看这本书”和“看他”这两种结果都被提交至语义界面时，百科知识选择了前者。

CP语段提交后，语义界面对运算结果的解读同图(62)。在后句法阶段，结果词根“√烦”提升至v_{TS}处，而后在双音节化的驱动下，与方式词根“√看”合并为“[√看√烦]”结合体。虽然“[[√看]$_{V}$[√这本书]$_{DP}$]$_{VP}$”已作为$v*_{DO}$P的域内成分被提交，但是在语音拼读之前，后句法阶段的操作可以对语素进行重组。例如，线性化就是对语素进行排序的过程。为了识别层级结构上的最高位置或成分统制的位置，排序往往要等到所有运算结果提交之后才能进行；而语音特征又是在线性化完成之后插入的。因此，语音界面拼读的顺序未必与合并操作的顺序一致。总之，受多种因素的影响，语音拼读具有一定的滞后性，通常不可能在一个语段提交之后立即进行。这为形态调整提供了空间。为了实现双音节化，v_{TS}处的词根“√烦”很可能在“[[√看]$_{V}$[√这本书]$_{DP}$]$_{VP}$”被拼读之前，先与词根“√看”合并，融合为“[√看√烦]”结合体，而后语音界面才向宾语“[√这本书]$_{DP}$”插入语音特征。因此，拼读为“看烦这本书”在理论上是完全有可能的。最高位置([Spec, TP_1])的名词拷贝“[√他]$_{DP}$”获得语音形式后，最终的拼读结果即“他看烦这本书”。与汉语的空宾语句一样，“[√这本书]$_{DP}$”省略后，原句也可以拼读为“他看烦了”。“他喝醉了(酒)/ 洗累了(衣服)/ 听懂了(我的话)”这类结构与上述生成过程完全一致。

“这瓶酒喝醉了张三”的情况略为特殊。如图(64)所示，为了核查v^*_{BEC}和v^*_{DO}的选择性特征，“[√张三]$_{DP}$”的母本和拷贝分别在[Spec, $v^*_{BEC-√醉}$P]位置和[Spec, $v^*_{DO-√喝}$P]位置合并。“[这瓶酒]$_{DP}$”在[Spec, TP_1]位置合并，核查T_1的EPP特征。在后句法阶段，结果词根“√醉”与活动词根“√喝”融合为“[√喝√醉]”结合体。该成分进入语音界面后，作为一个双音节单位被拼读。其他成分(如[Spec，TP_1]处的“[这瓶酒]$_{DP}$”和[Spec，$v^*_{DO}P$]处的“[√张三]$_{DP}$”)待线性化操作完成后，获得语音形式。

(64)

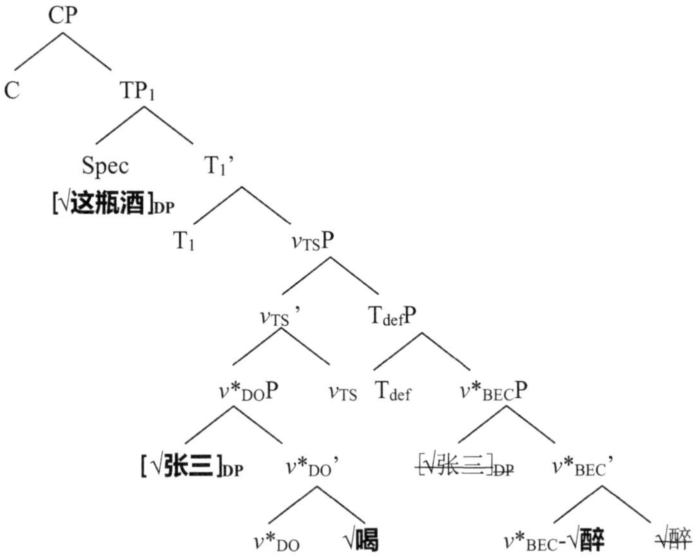

6.2.2 内-外论元同时共享型复杂谓语结构的生成

内-外论元同时共享型复杂谓语结构(31II)的生成与上述过程类似。由于前、后两个动词都具有及物性，它们首先生成及物性动词短语“[[√倒]$_V$[√水]$_n$]$_{VP}$”和“[[√喝]$_V$[√水]$_n$]$_{VP}$”，而后再分别与轻动词v_{DO}合并。以“他倒水喝”为例，词根“√喝”的语义属性决定其一旦派生为动词就具有及物性。为了满足对内论元的选择要求，“[√喝]$_{V2}$”与名词“[√水]$_n$”合并，生成及物性动词短语

“[[√喝]$_{V2}$[√水]$_{n}$]$_{VP2}$”（“[√喝]$_{V2}$”也可能与“[√他]$_{DP}$”合并，但是生成结果因违反百科知识而被排除）。VP_2的意义决定与其合并的是轻动词$v*_{DO}$。名词性成分“[√他]$_{DP}$”在$v*_{DO2}$的标示语位置（[Spec, $v*_{DO}P_2$]）合并，以满足$v*_{DO2}$对外论元的需求。具有完整命题结构的$v*_{DO}P_2$语段生成后，其域内成分“[[√喝]$_{V2}$[√水]$_{n}$]$_{VP2}$”被提交，及物动词“[√喝]$_{V2}$”和名词“[√水]$_{n}$”根据语义界面的百科知识获得解读，名词“[√水]$_{n}$”在题元赋值中获得了受事题元角色。语段中心语$v*_{DO2}$及其标示语位置的成分“[√他]$_{DP}$”处于活跃状态，继续参与句法运算。

与此同时，及物动词“[√倒]$_{V1}$”也有选择内论元的需求。由于运算系统中再无适合充当论元的成分，“[√水]$_{n}$”和“[√他]$_{DP}$”这两个名词性成分被复制，生成了“[√水]$_{n}$”拷贝和“[√他]$_{DP}$”拷贝。如上文所述，在语义特征或句法功能上，母本与拷贝无任何差异，因此都可以被动词选择。无论是前动词“[√倒]$_{V1}$”还是后动词“[√喝]$_{V2}$”，只要能够与名词性成分合并，选择性特征就可以得到满足。前动词短语VP_1与后动词短语VP_2并行生成的方式同图(60)，二者的生成顺序无先后之分，不会因为$v*_{DO2}P$语段的提交而无法复制“[√水]$_{n}$”和“[√他]$_{DP}$”。“[√倒]$_{V1}$”分别与“[√水]$_{n}$”拷贝和“[√他]$_{DP}$”拷贝合并，生成了及物性动词短语“[[√倒]$_{V1}$[√水]$_{n}$]$_{VP1}$”和“[[√倒]$_{V1}$[√他]$_{DP}$]$_{VP1}$”。同样，VP_1的意义决定与其合并的是轻动词$v*_{DO}$。$v*_{DO}P_1$语段生成后，域内成分被提交，语义界面对生成结果进行解读，“[[√倒]$_{V1}$[√他]$_{DP}$]$_{VP1}$”因不符合百科知识而被排除，“[[√倒]$_{V1}$[√水]$_{n}$]$_{VP1}$”基于词根携带的语义特征得到了诠释，名词“[√水]$_{n}$”在题元赋值中获得受事题元角色。为了核查v^*_{DO1}的选择性特征(即选择外论元的要求)，运算系统对唯一所剩的名词性成分“[√他]$_{DP}$”再次复制，“[√他]$_{DP}$”拷贝生成后，在[Spec, $v^*_{DO}P_1$]位置合并，而后合并至[Spec, TP_1]位置，核查T_1的EPP特征，如图(65)所示。

(65)
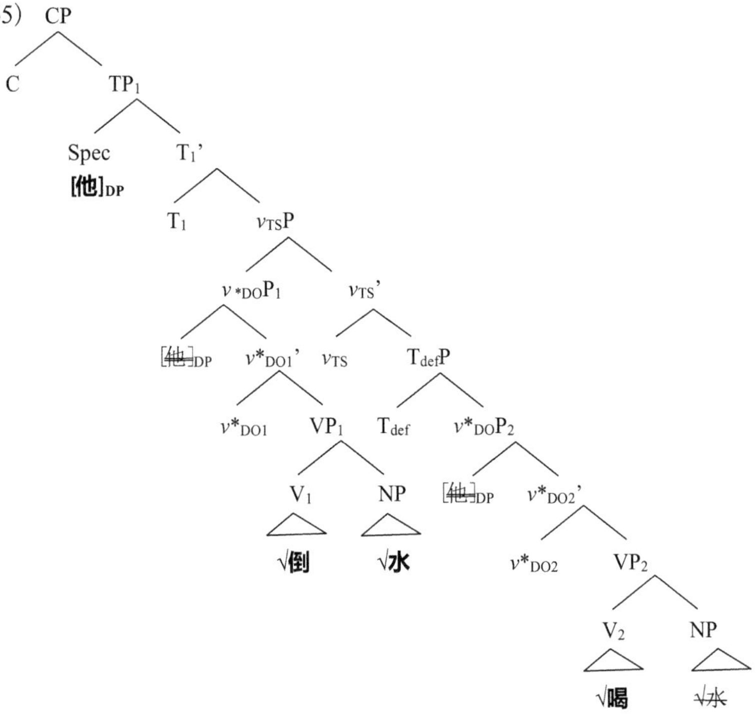

CP语段提交后，线性化及语音拼读同图(60)。在语义界面，v^*_{DO1}和v^*_{DO2}的语义信息被解读为活动类事件。整个结构专有的(目的/方式)意义通过v_{TS}携带的语义信息而获得了诠释。[Spec, $v^*_{DO}P_2$]位置和[Spec, $v^*_{DO}P_1$]位置的“[√他]$_{DP}$”分别在题元赋值的过程中获

得了施事角色。[VP_2, Comp]位置和[VP_1, Comp]位置的“[√水]$_n$”分别被赋予受事题元角色。至此可以看出，论元共享问题通过论元的母本及拷贝分别获得题元角色而得到了解决。其他内–外论元同时共享型复杂谓语结构（如：“他做饭吃。”“我们找个人问问。”“我们种那种菜吃。”）的生成过程同上。

在“他买那种书给你看”的生成过程中，由于第二个谓词性成分包含介词短语，动词短语“[[√看]$_V$[√书]$_n$]$_{VP}$”生成后，先与介词短语“[[√给]$_P$[√你]$_{DP}$]$_{PP}$”合并，而后才生成$v_{*DO}P_2$语段。后续生成过程同图（59）。在“他给了我一碗汤喝”的生成过程中，词根“√给”的意义决定其一旦派生为动词，就具有双及物性。因此，该成分首先生成双宾动词短语“[[√给]$_V$[√我]$_{DP}$[√一碗汤]$_{NP}$]$_{VP}$”，然后生成$v*_{DO}P_1$语段，最后再与$v_{TS}P$合并。后续生成过程与（65）一致。

6.2.3 内–外论元递接共享型复杂谓语结构的生成

内–外论元递接共享型复杂谓语结构（31III）的生成过程与图（60）十分相似。以“他劝我退休”为例，词根“√退休”的语义属性决定其直接与轻动词$v*_{DO}$合并。为了核查$v*_{DO2}$的选择性特征，名词性成分“[√他]$_{DP}$”和“[√我]$_{DP}$”都可能在$v*_{DO2}$的标示语位置（[Spec, $v*_{DO2}P$]）合并。具有完整命题结构的$v*_{DO2}P$语段生成后，其域内成分被提交。词根“√退休”的语义特征基于语义界面的百科知识获得诠释。语段中心语$v*_{DO2}$及其边缘位置（[Spec, $v*_{DO2}P$]）的“[√他]$_{DP}$”和“[√我]$_{DP}$”因没有被提交而仍处于活跃状态，可继续参与句法运算，如图（66）所示。

（66）

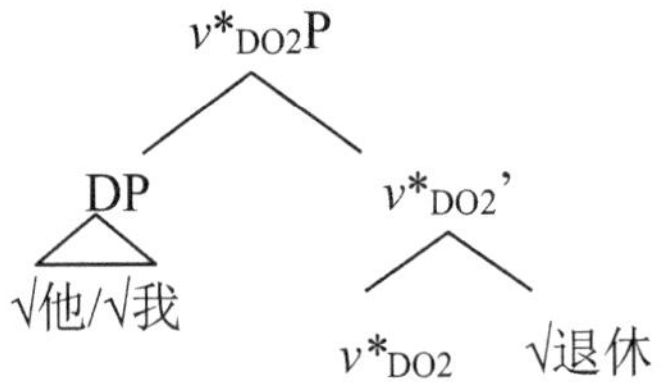

与此同时，为了核查“[√劝]$_{V1}$”的选择性特征，[Spec, v^*_{DO2}P]处的名词性成分“[√他]$_{DP}$”和“[√我]$_{DP}$”都可能复制拷贝，在[VP$_1$，Comp]位置合并。如果[√劝]$_{V1}$选择前者为其补足语，则[Spec, v^*_{DO2}P]处的“[√他]$_{DP}$”复制拷贝，生成“[[√劝]$_{V1}$[√他]$_{DP}$]$_{VP1}$”；[Spec, v^*_{DO2}P]处的“[√我]$_{DP}$”内合并至[Spec, v^*_{DO1}P]位置，核查v^*_{DO1}的选择性特征。处于v^*_{DO1}P语段边缘位置的“[√我]$_{DP}$”因没有被提交而仍处于活跃状态，可进一步合并至[Spec, TP$_1$]位置，核查T的EPP特征，如例(67)所示。

（67）

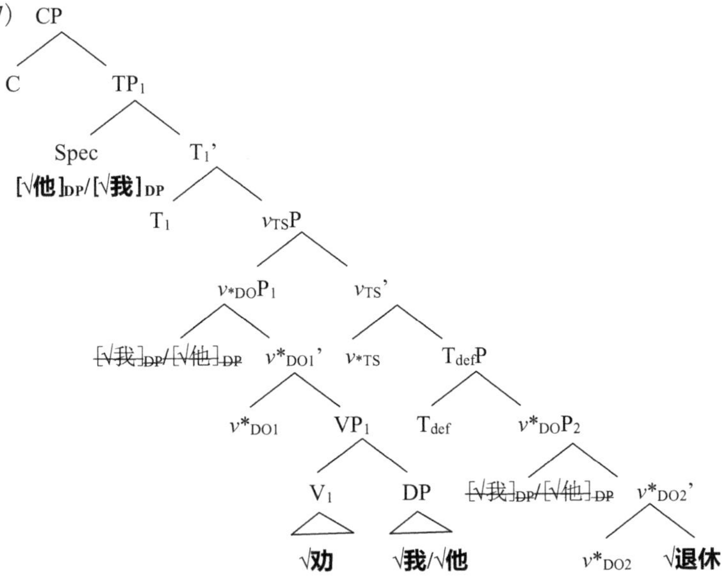

如果[√劝]$_{V1}$选择后者为其补足语，生成的则是“[[√劝]$_{V1}$[√我]$_{DP}$]$_{VP1}$”，而最终在[Spec, TP_1]处合并的是“[√他]$_{DP}$”。域内成分VP_1被提交后，“[[√劝]$_{V1}$[√我]$_{DP}$]$_{VP1}$”和“[[√劝]$_{V1}$[√他]$_{DP}$]$_{VP1}$”都可以被语义界面接受。哪种结果更有可能胜出，由说话者需要表达的语义信息决定。运算结束后，所有成分都被提交。基于语义界面的百科知识，“我劝他我退休”和“他劝我他退休”这种不符合致使义表达需求的结果被排除。“我劝他(他)退休”和“他劝我(我)退休”都可以得到诠释，最终根据说话者的表义需求筛选。在语音界面，层级结构上最高位置的拷贝([Spec, TP_1]处的“[√他]$_{DP}$”或者“[√我]$_{DP}$”)获得语音形式，其余拷贝都被删除。“√劝”和“√退休”分别在v^*_{DO1}P和v^*_{DO2}P域内被拼读。

“厂长派我去北京”的生成过程与图(67)类似。唯一的差别是“[√去]$_V$”属于非宾格动词。由于该成分无外论元，其生成的轻动词短语不构成语段。为了满足“[√去]$_V$”的选择性特征，名词性成分“[√北京]$_{DP}$”“[√我]$_{DP}$”和“[√厂长]$_{DP}$”都可能与之合并。CP语段生成后，所有合并的结果都被送入语义界面接受解读。“[[去]$_V$[√我]$_{DP}$]$_{vDO}$P”和“[[去]$_V$[√厂长]$_{DP}$]$_{vDO}$P”被百科知识排除，“[[去]$_V$[√北京]$_{DP}$]$_{vDO}$P”最终获得诠释。“他打死了一只苍蝇”“他洗干净了衣服”“他踢破了球”这类句子的生成过程同上，后句法阶段的语序调整同图(62)。推导运算完成后，所有合并的结果才能够被语义界面识别。符合百科知识的结果得到诠释，不符合的被排除。

6.3 拷贝存在的证据

在复杂谓语结构的运算过程中，既然有多个拷贝生成，那么是否存在一些拷贝存在的证据？答案是肯定的。例如，在复杂谓语结构的两个谓词之间插入一些成分后，如果出现的结果超越了单句范围，底层拷贝（即母本）就很可能避开线性对应原则的限制，在语音界面被拼读。复句（68b）就属于这种情况。共享论元“他”的两个拷贝分属于“我劝他”和“他也退休”这两个分句，都可以获得语音形式。根据上文的分析，例（68a）的内嵌主语“他”被语音删除是因为在线性化过程中，底层拷贝的出现违反了线性对应原则的要求。但是如果在两个动词之间插入假设条件从句“如果大家都申请退休”，底层拷贝就可以避免被删除，最终在语音界面得到实现，即例（68b）。

（68） a. 我劝他［T_{def}P（他）退休］。

b. 我劝他［T_{def}P如果大家都申请退休，他也退休］。

此外，在上古汉语的动词连用结构中，也存在一些拷贝拼读的证据。如例（69）所示，在战国时期，V_1“战”和V_2“胜”是两个独立的动词，连续出现在NP_1和NP_2之间。句首的NP_1“齐”是共享主语，句末的NP_2“楚”是共享宾语，即例（69a）意为“齐战楚，齐胜楚”。

(69) a. NP_1 V_1　V_2　NP_2

齐　战　胜　楚……。　　　　　　（《战国策》第二十三卷）

b. NP_1 V_1　　　　V_2　NP_2

齐$_j$ 战(楚$_i$)　(齐)$_j$ 胜　楚$_i$……。

NP_2“楚”不仅充当了V_2的内论元，而且是V_1的宾语。处于句末的NP_2是如何与V_1发生述宾关系的？由于V_2“胜”不具有焦点意义或致使意义，$NP_1+V_1+V_2+NP_2$语序不是话题化或动词致使化的结果。这说明共享宾语NP_2“楚”原本生成于V_2的宾语位置；最终与V_1合并的是它的一个拷贝。只是与线性对应原则的要求不同，NP_2“楚”的底层拷贝被拼读了出来。否则，如果是最高位置的拷贝拼读，结果应当为“齐战楚胜”。据此可以判定，此句最终被拼读的是与V_2合并的“楚”母本，而与V_1合并的最高拷贝被语音删除了(具体动因有待进一步研究)。对于共享主语NP_1“齐”而言，获得语音形式的依然是最高位置的拷贝。因此，句法运算结果最终在语音界面实现为“齐战胜楚”。这种底层母本被拼读的证据为拷贝分析法提供了支撑。

更有利的证据见于例(70)。第二分句的谓语“熟”和“伤”不具有使动意义，与现代汉语补语的语法性质相同。第二分句的主语和第一分句的宾语由两个完全一样的名词充当(如：谓语“煮”和谓语“熟”之间隔着两个“麦”)，说明共享论元在句法运算中生成了多个拷贝。这些拷贝都能够被拼读的主要原因在于它们分属两个独立的句子。上一节对复杂谓语结构(58–67)的分析是在一个单句范围内，运算结果提交至语音界面时通常遵循线性对应原则，只有层级结构中位置最高的拷贝才能获得语音形式。总之，若不是受线性对应原则的制约，共享论元的多个拷贝均被拼读是完全可能的。

(70) a. 煮麦，麦孰(熟)。(马王堆汉墓帛书《五十二病方》)

b. 晋击缪公，缪公伤。(《史记·秦本纪》，引自姚振武，2013：64–65)

6.4 小结

本章探讨了典型复杂谓语结构的构造过程。生成操作以核查特征为驱动力，采用两两合并的方式将数量有限的语素(即特征集)加工为数量无限的组合。当语素的数量无法满足特征核查的需求时，构建机制在运算集合中寻找符合要求的语素进行复制，所生成的拷贝以内合并方式参与运算。运算结果以语段为单位逐步提交。语段的域内成分被提交后，在两个界面的实现情况有所不同。首先，处理时间不同步。语义界面即时解读所有被提交的结果。而语音界面的拼读要等到后句法阶段的形态调整及线性化完成之后才能进行。其次，处理对象存在差异。语义界面遵循交际充分性原则，基于百科知识和说话者意图等所有能调用的信息对全部的生成结果(包括所有的拷贝)进行解读。而语音界面受经济性原则的制约，只拼读符合线性化要求的运算结果。这种界面的不平衡性是论元共享现象产生的根源。

复杂谓语结构的生成过程显示，前、后两个谓词性成分对论元的选择要求可以通过论元的母本及其拷贝分别在相应位置生成而得到满足。这些拷贝提交后，都可以被语义界面解读，却无法全部被语音界面拼读，论元共享现象由此产生。如果语音删除是造成论元共享的直接原因，那么寻求论元共享问题的解决方案就需从界面的不平衡性着手。该问题的彻底解决有赖于对隐形的论元拷贝进行语义识别。无论语音界面最终拼读哪个拷贝，语义界面对所有的拷贝都可以识别和解读。作为一种语义解读的方式，题元赋值对论元的母本及其拷贝一视同仁，一旦它们在论元位置分别获得了题元角色，论元共享问题便迎刃而解。

基于组构语法观，本章对复杂谓语结构的生成过程进行了全面剖析，以全新的视角重启对语言本质属性的探索，回答了“语言系统是如何由基本元素构造的、如何实现对有限元素的无限表达”等具有普遍理论意义的问题。只要以语素为基点，即便是所谓的“动结复合词”，也可以由语言系统的构建机制组构而成。因为无论是哪种情况，运算操作的起点和对象都是一定数量的离散语素，唯一的差别是经历了两种阶段：词汇的构造和短语的构造。本书采用的词汇–句法相统一的构建模式打通了语言分析的不同层面，避免了词汇说与句法说之争对语言分析造成的困扰，为探究汉语特殊结构开辟了一个全新的视野。本研究对论元共享问题的探讨不仅揭示了“表达的充分性与经济性之间的矛盾”这一制约语言系统发展的普遍规律，而且捍卫了句法–语义同构观，对构建更具普适性的句法–语义接口理论具有一定的参考价值。整个推导完全以运算集合中的句法特征和语义特征为基础，没有增设任何特有概念或分析模块，体现了理论解释的充分性和最简性。

第七章

其他语言中的复杂谓语结构

第七章　其他语言中的复杂谓语结构

复杂谓语结构并非汉语独有，其反映的现象在很多语言中都存在。只是在命名、分类以及使用形式和比例等方面，不同语言有所差异。在印欧语系语言中，一个句子里只有一个动词的形态随着人称和时态的不同而变化；其他谓词性成分的形态基本稳定，主要通过不定式（如：控制结构want to do）、过去分词（如：have/get sth. done）、现在分词（如：without/instead+doing）等形式体现。前者被视为主动词，充当句子的核心；后者被视为状语或修饰性的次要成分。相比之下，汉语缺乏这种能够区分谓语主次的形态标记。因此，复杂谓语结构对汉语语法研究造成的问题更加严峻。总体而言，虽然这类结构可能在不同语言中的名称和句法构型（configuration）不同，但是谓语的构成成分复杂这一现象是普遍存在的。本章将基于第六章提出的分析思路，阐释更多语言中的相关结构如何生成。

7.1 定义与范围

虽然有关复杂谓语结构的研究众多，但是学界至今尚未对其定义和范围达成一致的看法。基于对粤语、埃维语（Ewe）、中部科伊桑语（Central Khoisan）、拉科塔语（Lakota）等语言的考察，Collins（1997）、Aikhenvad & Dixon（2006：4）提出了“serial verb constructions（连动结构）”这一名称，涉及动结式、致使结构、补语结构、承接结构等多种句式。Aikhenvad & Dixon（2006：4）强调，“单句、单事件、单谓语、单语调，只有一个时体和语态特征，至少共享一个论元”是这类结构普遍具有的特性。同样对于这类结构，Amberber，Baker & Harvey（2010）以“complex predicates”命名，并将其界定为具有多个谓词性成分的单句结构（Alsina et al.，1997）。Butt（2010）进一步强调，复杂谓语虽然包含了两个以上谓词性成分，但是从论元结构的角度看，仍属于单一谓语。总体而言，“单句”是这类结构最普遍的定义。基于这种单句观，Butt & Lahiri（2013）将复杂谓语限制在动结复合词的范围内，同时将连动结构排除在外。

另一方面，这些结构又不同于一般的简单句，因为谓语部分具有多个中心语。对于这一现象，Karimi-Doostan（2013）认为，复杂谓语是由两个以上成分构成的结构，每个成分都像英语的单语素动词一样提供了充分的谓语信息。Massam（2013）进一步解释，复杂谓语是指那些表层形式上体现为单句，但实际包含了两个以上的谓词性成分的结构。这些谓词性成分虽然相邻，但是可能具有不同的词性。

由于关注的视角和研究的重心不同，不同学者的讨论范围不尽相同，对复杂谓语结构进行一个统一的界定是十分困难的。Amberber，Baker & Harvey（2010）对相关语言事实进行了系统归纳，并据此划定了复杂谓语结构的一个大致范围，主要包括两种类型：连动结构和共动结构（coverb construction）。前者可能包含多个事件，而后者仅表达单一事件。

须指出，这些结构在不同语言中的构型可能差别很大。东非、美洲、印度半岛、东南亚(如：泰语)、澳大利亚，以及巴布亚新几内亚等地区的语言中，动词连用结构较为常见，而在印欧语系语言中，这些结构通常仅需要通过增加一些形态标记就能实现(如：时态、语态)(Craig & Hale，1988；Foley & Olson，1985)。例如，汉语的“打破”在英语中只需使用表示被动语态的分词broken即可。而英语的一些功能词或单语素动词在马拉雅拉姆语和达罗毗荼语(Dravidian)中则需要连动结构才能表达。例如，该语言用“带来(take-come)”表示英语bring的意思，用“说(say)”表达体意义(aspect)或时态从句的引导词。此外，“受益”“允许”“连续”等其他情态意义也都是通过连动式表达的(Jayaseelan，2004)。

总体而言，复杂谓语在世界不同语言中的具体构型主要包括动词复合词、动补结构、共动结构、连动结构、迂说致使结构(periphrastic causatives, 如：“I made him go to the shop.”)、动词分词结构(verb particles，如：kick it up)、重构结构(restructuring construction，如：“John asked Mary to go shopping.”)，以及宾语后附分词的结构(如：without/instead of doing/being done)等。这些结构不仅在澳大利亚、巴布亚新几内亚、东南亚、东非、印度半岛和北美等地区的语言中被大量使用，在印欧语系的语言中也普遍存在。例如，日耳曼语常使用“结果–描述构式(resultative and depictive constructions)”(Embick，2004；Neeleman & vande Koot，2002；Nash & Samvelian，2016)。罗曼语中，表示致使、允许和感知等意义的动词都可以构成连动句式(Abeillé et al.，1998；Manning，1992；Rosen，1989；Wurmbrand，2001)。

鉴于复杂谓语结构在不同语言中的形式多样，所涉及的理论流派众多，本章难以对所有构型及相关的理论分析进行全面介绍，下文重点就这类结构对语言分析造成的主要问题进行探讨。

7.2 研究议题

复杂谓语是很多语言普遍具有的一种结构。印欧语等形态丰富的语言可以通过曲折形态标记体现谓语的核心，而汉语因形态标记匮乏无法表示哪个成分是核心。因而，核心问题在汉语语法分析中尤为突出，对所有以中心语为基础的语法理论都造成了挑战。该问题不仅给单句与复句的划分带来了困难，而且涉及是否需要对每个谓词性成分的论元结构进行分析。很多复杂谓语结构体现出词的凝固性(cohesion)，具有非组构的特点。学界就应当采用词汇还是句法视角进行分析尚无定论。是否需要分别考虑各谓词性成分的论元如何实现这一问题是组构观和整合观的主要分歧之一。本章主要就学界对于这些问题的探讨进行梳理，而后基于第五章的理论框架和第六章的理论分析进行解释。

7.2.1 谓语的核心与单句性

对复杂谓语的研究首先应确定什么是“谓语”。这一源于哲学的概念在语言学中主要指小句或句子的一部分，表示对主语的陈述或称说(Matthews，1997)。所谓“谓语复杂”主要是从谓语的中心语角度看的。如果谓语的中心语是X_0，那么复杂谓语的中心语就有多个X_0。因此，复杂谓语更准确的名称应当是具有复杂中心语的谓语结构（Amberber，Baker & Harvey，2010）。Amberber，Baker & Harvey（2010）强调，只有对论元结构产生决定作用的成分才算谓语的中心语。传统研究提出的包含助动词和主动词的结构（如："I will walk."）不属于复杂谓语，因为该句与"I walk."的深层结构没有本质差异。

然而，这一定义似乎与单句的属性存在矛盾。Aikhenvad & Dixon（2006）认为，"单句性、共享论元和时体结构"是判断复杂谓语的基本指标。这一标准在分析包含助动词和不定式补足语的动词组合（v-v configurations）中起到了重要作用。在单句中，一般仅存在一个论元结构，只有单一的时间修饰关系，没有小句内嵌结构。如果单句性是复杂谓语的定义性特征，那么其论元结构应当是单一的，但是在复杂谓语结构中，一旦每个中心语都具有论元结构，那么多中心语就意味着复杂谓语包含了多重论元结构（Collins，1997）。这显然与单句的属性不符。总之，复杂谓语结构有几个中心语？是单句还是复句？其论元结构是单一的还是多重的？这些问题都尚无定论。

从跨语言角度看，虽然很多结构具备复句的特点，但是相当一部分结构体现的仍是单句的属性，主要是重构或小句联合（clause union）机制作用的结果。如何理解这类机制的形成机理已成为相关理论研究的重要议题（Aissen & Perlmutter，1976；Rizzi，1976，1978；Rosen，1989；Wurmbrand，2001；Cinque，2004）。

7.2.2 词法-句法之争：整合与组构

复杂谓语结构给题元理论带来的最大挑战在于它们既具有单句的特点，又包含多个谓词性成分，每个成分都参与了论元结构的构建和语义角色的指派(Alsina，1993；Alsina et al.，1997；Butt，2010)。

对于这一现象，整合观认为，复杂谓语之所以被视为单句是因为其具有整体意义。这种特殊结构所具有的专有意义并非都能够由各个构成部分的意义组合而成(Karimi，1997；Goldberg，2003；Masini，2005；Samvelian，2012)。以英语动词分词结构为例，这类结构的意义虽然与各个组成部分(即动词及其分词)的意义相关，但是并不能完全基于各个部分预测出来(Jackendoff，2002)。在这一方面，复杂谓语与复合词十分类似。例如，英语中的take off表示“脱下”，但是take on不仅仅表达相反的意思，它还可能有其他含义，如“承担”或“开始”。在解释复杂谓语的构造过程中，如何处理特定信息(item-specific information)和规约性意义(conventional meaning)是研究这一结构的棘手问题之一。Nash & Samvelian (2016)指出，复杂谓语结构是介于常规的句法组合与具有任意的、习语意义的词汇之间的一种语言单位。

Amberber，Baker & Harvey(2010)指出，事实上，任何语法分析系统中都没有单一的映射方式可以解释所有单句的谓词意义，因为这类意义至少分为两个层次：词汇层面的意义和短语层面的意义。而复杂谓语结构恰巧兼具这两方面的意义。一方面，该结构具有词汇化意义，在韵律和构型等方面体现出词的特点，另一方面又具备短语的特性，允许其内部成分扩充或者被替换。这种双重属性给语法研究带来了很大的挑战，对词法–句法彼此分离的语法理论造成的问题尤为突出。

组构观认为，当代语言学理论研究的一个重要议题是解释语言系统的构造力，即探究语言系统如何基于有限的基本元素构造出更大的语言单位，以及整个语言表达式的意义是如何通过构成成分的意义组合而成的。既然复杂谓语属于短语结构，那么至少其一部分句法或语义属性可以在推导过程中获得(即整体由构成部分组合而成)。诸多有关复杂谓语结构的研究都支持这一观点(Butt & Ramchand，2005；Folli et al.，2005；Folli & Harley，2012；Samek-Lodovici，2003)。这种组构观体现在多种理论研究中。在句法–语义同构视角下，一种做法是假设复杂谓语由特殊的组合规则构造而成，而另一种做法是假设构造复杂谓语的句法机制与构造普通句法结构的机制无异，但在解释句法组合的语义关系时，将每个谓词分别处理，探讨各自的论元结构。后者面临的最大挑战是解释生成复杂谓语的机制在哪些方面会受到制约。

总体而言，复杂谓语产生的语法机制是什么？怎样协调形式构造的常规性和语义解读的特异性之间的关系？这些问题有待进一步研究。

7.2.3 论元结构

由于复杂谓语结构的每个中心语都参与了论元结构的构建，该结构对题元理论、中心语投射理论、向心结构分析法等都带来了极大的挑战。整合观将多个中心语视为一个固化的整体词项，不再剖析每个谓词性成分的内部结构。而组构观坚持采用分解的视角对每个谓词的论元结构进行剖析。

复杂谓语这种颇具争议的语法属性在名词赋格的问题上尤为突出。相关研究发现，在一些由动词和名词构成的组合中，名词的独立性逐渐丧失；名词与动词之间的凝固程度是判定这类组合成为复杂谓语的重要标志。从标准的直接宾语到整合的(incorporated/conflated)宾语，动-名组合的凝固性逐渐增高。当宾语成为光杆名词，不被任何成分修饰、限定或量化时，整个结构的凝固度最高。分析这类结构时，需要对名词的双重功能进行区分。一方面，名词与动词形成语义上的整体单位。另一方面，名词像普通宾语一样可以获得格标记，或通过句法操作影响动词的补足语(如：话题化、疑问词移位，以及被动句中的主语提升)。由于一些关键的名词性特征(如：数、格)在整合过程中可能会退化或彻底消失，具有格标记的名词性成分究竟是属于动词的论元还是充当了复杂谓语的一部分，仍有待进一步研究。

Creissels(2000)从历时演变角度考察了复杂谓语出现格标记的原因，并提出了东高加索的巴斯克语(Basque)和安迪克语(Andic)有两种不同的赋格路径。一种采用施格-受格系统，一种采用动名复杂谓语结构。在第一种赋格路径中，根据必要编码原则(Obligatory Coding Principle，简称OCP)，每个编码框架必须包含与及物动词施事论元相同编码属性的项(term)(即主语-宾语系统)，或与及物动词受事论元编码属性相同的项(即施格-受格系统)。这两种情形分别以施事必要编码和受事必要编码为特征。据此可以认为，在动-名复杂谓语结构中，只有受事被编码；或者认为，其中的名词充当了轻动词的一个句法论元，从而在形式上满足了OCP原则。如果不考虑该原则，复杂谓语可能会被视为一种没有自主性的名词。

此外，复杂谓语的出现与非标准格标记(如：主语的与格和所有格)的使用也高度相关。在北印度语的动名复杂谓语中，不同类型的动–名组合(NV、V-V、kā N-V)虽然在组构方式、句法整合度以及形态一致等方面存在一定差异，但是都体现了简单谓语所不具备的功能(如：及物性与动词语义类型之间的相互转换)。例如，名词在表达谓词性概念时起到了关键作用，可决定与什么类型的动词或轻动词进行组合。其中，最有研究价值的是经历者的赋格模式，因为它在现代北印度语中实际只出现在复杂谓语结构中。无论轻动词构建的是什么类别的事件，心理名词与轻动词结合后始终保持同样数量的论元。像活动类轻动词允准施事一样，状态类轻动词只允准与格经历者。总体而言，与格主语的大量出现和动名复杂谓语的普遍使用成为南亚语言的两大显著特点。

总之，虽然单句和复句是两个相互区别的语法范畴，但是二者之间的联系值得研究。复杂谓语正是介于单句与复句之间的一个特殊范畴，其多核心的特点对语法分析，特别是对句法–语义接口理论造成了挑战。

7.3 解决方案

7.3.1 多核心简单句

单句性意味着复杂谓语的论元结构是单一的，每个论元最多被

(格/一致性)标记一次。然而，班图语支的助动–主动组合具有明显的双重标记：相同的一致性标记可以出现在复杂结合体的每一部分。此外，该语支中的斯瓦西里语(Swahili)还存在双主语一致关系。如果有证据证明动词复合结构(v-v sequence)属于复杂谓语，那么这种多重标记就属于形态上的重复或冗余。总之，对同一关系的多重形态标记表明，这类结构更像是复句，因为每个谓词的一致性形态标记标示了完全不同的论元–谓语关系。那么，复杂谓语的形成是否经历了与复句相同或相似的句法操作?

Wurmbrand(2001)以重构结构为切入点进行了探讨。她认为，复杂谓语是动词与语态融合的结果，与复句的形成过程并不相同。语态属于半动词性成分，通常具有重构补足语(restructuring complement，简称RC)。RC自身即可构成复杂谓语(v-v predicate)。该假设是在中心语联结(head-head concatenation)分析法和光杆动词补足语(bare VP complementation)分析法的主要思想上提出的，比光杆动词中心语假设更加复杂，但又区别于复句分析法V-[XP clause]。总之，在融合方式和补足语方式的共同作用下，表达独立事件的复杂成分最终可生成复杂中心语结构。南岛语系的语态标记和印欧语系(如：德语)的词干变体都证实了这一假设。另一方面，在这类结构内部，无终结点事件修饰语和终结点事件修饰语通常可以共现。这表明每个构成成分的体属性不一致，涉及两个独立的事件。查莫罗语(Chamoru)中也存在类似证据。由于主动词和RC的及物性标记不一致，为了将它们统一为一个小句，且每个谓词保持自己的论元和体结构(aspectual structure)，就必须解释这类动词组合的属性和论元共享等问题。Wurmbrand(2001)用语态融合进行了解释，认为重构结构由动词与其补足语融合而成。当然，重构分析法不足以解释所有类型的复杂谓语结构，通常只对外论元共享型有效。

对于复杂谓语的多核心问题，Baker & Harvey(2010)提出了两种方法将谓词信息与单句结合，一种是合并手段，一种是同标(coindexation)手段。前者适用于分析单语素动词结构(如：共动结构)，受词汇概念结构对单语素谓语的制约。后者适用于多谓词结构(如：连动结构)，不受单语素合并的制约。共动词本身具有谓词性，但时态不定，必须与有定时态动词合并，且语序固定不变。有定时态动词决定了整个结构的论元结构。连动结构广泛存在于粤语、加纳语和巴布亚新几内亚等语言中，通常具有一些表示受益、伴随或宾语意义的形式标记(如："给""拿")或标句词"说"，还可以引入方位或方式信息、结果或致使意义。然而，上述分析法仅解释了多核心现象的形成和分布，没有从根本上解决其与单句属性的冲突。

如果复杂谓语是介于单句与复句之间的一个特殊语法范畴，那么应当如何解决其多重中心语与单句之间的矛盾？在具体的语言分析中，"单句"这一概念已不足以用来界定复杂谓语。对于这类结构，我们不能简单地将其划定到单句还是复句的范畴，而应对单句–复句二分观重新思考。最简方案框架下的语段理论为解决这一问题提供了突破口。如第5.3节所述，推导运算以语段为基本单位，不受主–谓句子框架束缚。一个简单句可能包含多个语段。因此，其核心可能由多个语段中心语构成。例如，英语的重构结构"John asked Mary to go shopping."是由"v*P_2""CP_2""v*P1""CP_1"这四个语段逐步生成的[$_{CP1}$[$_{TP1}$[$_{v*P1}$[John asked $Mary_i$ to [$_{CP2}$[$_{TP2}$[$_{v*P2}$

[Mary$_i$ go shopping]]]]]]]]。一旦多中心语链条成为简单句的基本构型，那么我们就可以解释为何复杂谓语结构具有多个核心，但仍然属于简单句这一语法范畴。

7.3.2 组构分析

复杂谓语兼具常规的组合意义和特殊的非组合意义，给语言分析造成了困难。构式语法将这类结构视为一个整体，通过将不同类型的结构概括为构式来处理词项特有的信息。所有概括(generalizations)都体现在默认的固有构式网络中。相互冲突的、例外的信息会压过常规信息(Goldberg，1995)。这种做法实质是将特殊句式结构与词项囊括进了同一语法范畴(即构式)。因此，对于复杂谓语结构而言，构式语法更关注其不透明的特质意义而不是组合意义。通过将整个结构视为一个不可再分解的整体，以构式语法为代表的整合观避免了探讨谓语的核心及论元如何实现等语法分析的棘手问题，但同时也错失了从系统特质的角度把握语言本质的机会。如果将任何层面的语言单位(如：语素、词汇、短语)及其组合都视为固化的成分，那么语法解释的负担就相当繁重，因为我们面临的是数量庞大的、各种类型的构式。世界上任何一种语言系统可以基于有限元素实现无限表达。即使整合观在句法层面回避了语言的构造问题，但是总需要在某个层面予以解释。否则，语法研究就失去了最核心的价值。

新建构主义以组构观为视角，将句法运算的作用发挥到了极致，认为表层形态形式不一致的谓语结构可能具有相同的底层结构

（Grimshaw，1990；Hale & Keyser，1993，2002；Rappaport Hovav & Levin，1998；Borer，2005；Levin & Rappaport Hovav，2005；Ramchand，2008；Marantz，2013等）。该分析法不仅超越了简单谓语与复杂谓语的界限，而且超越了语言表层形式的差异，认为不同语言中的结构都有可能存在同一表征。例如，不仅英语中的kick和give a kick具有相同的底层结构；英语中的cook和法语中的faire cuire也具有相同的底层结构。许多语言中，谓语既可以由单语素成分（如：kiss）充当，也可以通过组合形式（如：give a kiss）体现。新建构主义比较成功地解释了这类现象。它提供了一种框架，让不同的结构形态共享相同的深层表征，以共同的底层结构较好地阐释了复杂谓语的特殊性。

为了探寻复杂谓语形成的机制及其制约因素，Svenonious（2015）提出了补足语（complementation）分析法。补足语是一种不同于附加语（adjunction）关系和标示语（specifierhood）关系的句法依存关系。基于这一关系，复杂谓语至少可分为两大类：补充性复杂谓语（complementive complex predicates）和附加性复杂谓语（adjunctive complex predicates）。前者包括轻动词结构和共动结构，后者包括连动结构。补充性复杂谓语的补足语表达的是整个事件最本质、最核心的部分。例如，英语“They beat the egg fluffy.”一句中，“松软（fluffy）”是复杂事件“打软（beat fluffy）”的重要部分。中心语和补足语通过逻辑上的“部分”关系相关联。这种关系在完成类事件中尤其突出。这类复杂事件在很多语言中都可以通过单语素形式实现，如英语中的open。它们的中心语表达了活动子事件，并将结果子事件作为补足语。结果子事件被解读为更大事件的子部分。与补充性复杂谓语不同，附加性复杂谓语被解读为“合取”关系。在这种关系中，复杂谓语的每个部分都获得独立的解读。例如，“They beat the egg cold.”中的“蛋冷(egg cold)”这一概念不依存于“被打”这个动作，也没有对事件造成更多实质性的改变。

形态方面的证据显示，补充性复杂谓语具有高度的凝固性，补足语与中心语可整合为混合(portmanteaux)语素。词汇插入虽然严格受结构因素制约，但不受节点限制。因此，混合语素可以体现为更复杂的结构，甚至可以超越不同的语法范畴。相比之下，附加性复杂谓语缺乏这种凝固性，体现出完全不同的形态特征。附加的成分与短语成分合并，生成缺乏形态–语音凝固性的结构。由于每一部分都构成独立的词汇插入域，它们形成的是复合词而不是混合语素。伊马斯语(Yimas)中的论元共享结构就是一个很好的例子。在这类结构中，增元语素(valence-increasing morphemes)与动词词根在语音上是分离的。

本书支持组构观，但对新建构主义的做法持保留态度。以语义分解式(如：子事件)为共同的底层，新建构主义在谓语层面实现了对单语素和多语素组合的统一分析。然而，从语义特征角度对语言单位的重组分析在理论假设的初始层面过于复杂，不利于实现理论解释的最简性。在这一方面，分布式形态学提出的分析理念显得更为合适。作为语言系统中最小的音义结合体，语素是连接语音形式和语义内容的最佳载体。在单引擎生成模式下，以语素为初始元素进行合并操作，可以生成各种类型的语言结构，像构造短语成分一样构造词汇，打通了语言分析的不同层面，体现了理论解释的最简性。

总体而言，本书基于汉语复杂谓语结构提出的理论假设同样适用于分析其他语言中的相关结构。以语素这一概念为着眼点，无论复杂谓语属于复合词还是短语，都是组构机制加工的结果。当然，语素合并运算的结果与我们最终使用的外在语言可能还存在一定差异。在后句法阶段的形态调整过程中，语素组合不仅可以重新组配，而且可以发生整合，从而在形式上作为一个整体单位获得新的意义。这意味着在推导运算结束之后，形式与意义之间可以再次进行匹配，运算生成的结果可以凝结为像词项或习语一样的固化结构。组合意义与非组合意义的多次互动关联是组构分析法受到的制约条件之一。

至此，我们可以回答7.2.2节最后提出的问题。构造复杂谓语的机制与构造常规句法结构的机制本质无二，都属于对语素进行的加工。有所不同的是，在复杂谓语的构造过程中，语言生成机制需要协调常规性与特殊性之间的关系。对于不同语言、不同类型的复杂谓语结构而言，非组合性的习语意义在语义解读中的作用权重不同，但都是以语素的组合为前提条件的。这意味着在初始层面，首先需要对离散的元素进行合并操作。只有以合并的结果——语言结构——为载体，特殊的习语义才能表达出来。从这一角度看，习语义或规约义本质上与组构观并不矛盾。事件意义正是一种需要以结构为载体而表达的意义。在分布式形态学的单引擎生成模式下，事件结构理论(Rappaport Hovav & Levin，1998；Levin & Rappaport Hovav，2005)无论对汉语还是其他语言中的复杂谓语结构都可以提供较为合理的解释。这是本书坚持以组构观进行分析的主要依据。

7.3.3 论元的实现

在解决单句性与复杂谓语结构的冲突时，Baker & Harvey (2010)采用了合并和同标两种分析方法，但是对于论元如何实现的问题，并未予以解释。由于谓语的中心语一般都参与论元结构的构建，具有多个中心语的复杂谓语往往包含多重论元结构。与此同时，论元共享是这类结构普遍具有的特点。在大部分复杂谓语结构中，论元的数量较少，无法满足所有谓词对论元的需求。例如，在英语不定式结构"John asked Mary to go shopping."中，John是asked的外论元，仅剩的名词性成分Mary如果充当了asked的内论元，go shopping的外论元就会落空，反之亦然。每个谓词的论元如何实现是组构语法观无法回避的问题。

在形式语言学的研究范式下，Chomsky (1980)提出，go shopping的外论元可由一个空的名词性指代成分PRO充当，并将这类结构称为控制结构。然而，正如4.2节所述，PRO的[+Anaphoric, +Pronominal]特征引发了约束悖论。这类空成分只能出现在不被管辖的非时态句的主语位置。对于无法确定非时态句的语言来说，如何应用PRO就是一个很大的问题。Collins (1997)采用空语类*pro*分析了埃维语连动结构中的共享宾语。那么，复杂谓语中的空论元到底是PRO还是*pro*？最简方案框架下，这些既无语音形式又无心理现实性的空成分都已被摒弃。

根据第六章的分析，所有谓词对论元的需求都可以在复杂谓语结构的生成过程中得到满足。下文重点以英语的动结式和不定式结构以及埃维语和马拉雅拉姆语的连动结构为例，阐述论元的实现过程。

在英语动结式“They beat the egg fluffy.”的生成过程中，词根√fluffy的语义属性决定与其直接合并的轻动词为v^*_{BEC}。为了核查v^*_{BEC}的选择性特征，名词性成分[√they]$_{DP}$和[√egg]$_{n}$都可能在v^*_{BEC}的标示语位置([Spec, v^*_{BEC}P])合并。命题结构完整的v^*_{BEC}P构成语段，其域内成分被提交。词根√fluffy的语义特征基于语义界面的百科知识获得了诠释。语段中心语v^*_{BEC}及其边缘位置([Spec, v^*_{BEC}P])的[√they]$_{DP}$和[√egg]$_{n}$因没有被提交而仍处于活跃状态，可继续参与句法运算，如图(71)所示。

(71)

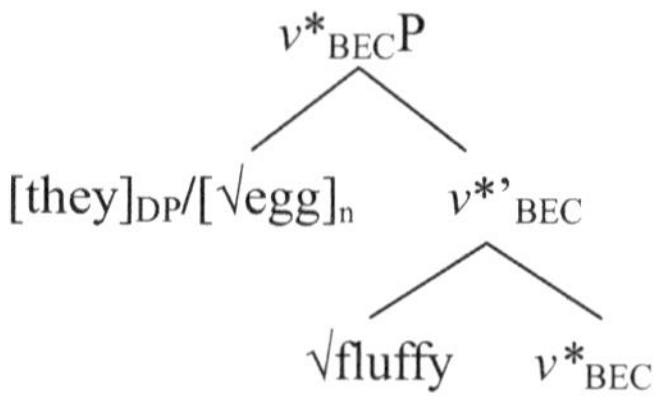

那么，v_{*BEC}P是否进一步生成了句法独立的CP语段？6.1节提出了三种方法检测方法。首先，省略法不适用于英语。因为英语的省略结构通常使用助动词指代整个谓语部分(如：“They beat the egg fluffy, so do I. 他们打松了鸡蛋，我也是。”)，无法单独检测分词部分是否构成句法独立的CP语段。采用前置法检测显示，英语动结式内部没有生成CP语段。如例(72)所示，表示结果的分词fluffy无论是直接被前置(72a)，还是出现在假分裂句的焦点部分(72b)，句子都无法被接受。此外，对比例(72c–d)中量化词的解读位置发现，分词fluffy无法单独被all修饰。据此推断，v^*_{BEC}P生成的是功能不完整的T_{def}P，而不是CP语段。

（72）a. *fluffy, they beat the egg.

b. *What they beat is the egg fluffy.

c. They beat all the egg fluffy.

d. *They beat the egg all fluffy.

与此同时，词根√beat的意义决定其一旦派生为动词，就具有及物性，生成及物动词[√beat]$_{V}$。为了满足该成分对内论元的选择要求，运算系统对[√they]$_{DP}$和[√egg]$_{n}$进行复制，生成了多个名词拷贝。动词[√beat]$_{V}$可能与[√egg]$_{n}$的拷贝合并，生成及物性动词短语[[√beat]$_{V}$[√egg]$_{n}$]$_{VP}$，也可能与[√they]$_{DP}$的拷贝合并，生成及物性动词短语[[√beat]$_{V}$[√they]$_{DP}$]$_{VP}$。这类动词短语的事件语义决定了与其合并的轻动词仍是v^*_{DO}。v^*_{DO}P语段生成后，域内成分被提交。在语义界面的解读过程中，词根√beat的语义特征被识别，[[√beat]$_{V}$[√they]$_{DP}$]$_{VP}$因违反百科知识被排除，[[√beat]$_{V}$[√egg]$_{n}$]$_{VP}$与百科知识信息兼容，最终获得了诠释。为了核查v^*_{DO}的选择性特征，唯一所剩的名词性成分[√they]$_{DP}$继续复制，所生成的拷贝内合并到[Spec, v^*_{DO}P]位置，如图(73)所示。

（73）

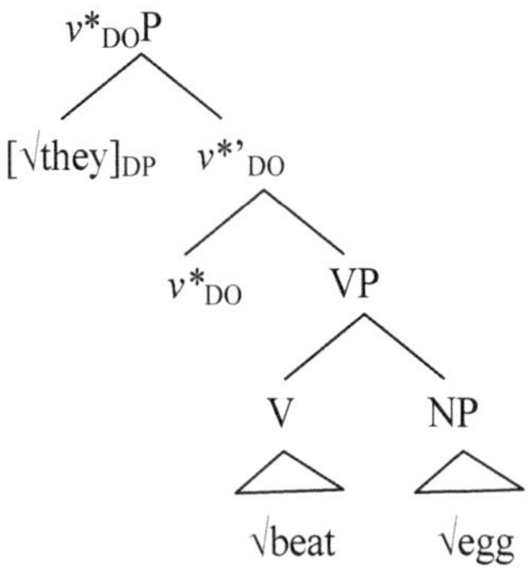

语段$v*_{DO}$P与轻动词v_{TS}合并，嫁接在[Spec, v_{TS}P]位置。v_{TS}P生成后，与形式特征完整的T_1合并，生成TP_1。[Spec, $v*_{DO}$P]位置的[√they]$_{DP}$因一直处于语段边缘而没有被提交，可进一步合并至[Spec, TP_1]位置，核查T_1的EPP特征。CP语段生成之后，句法运算成功聚合。至此可以看出，fluffy的外论元和beat的内论元分别通过合并在[Spec, $v*_{BEC}$P]位置的"[√egg]$_n$母本"和[VP, Comp]位置的"[√egg]$_n$拷贝"得到了实现。beat的外论元通过合并在[Spec, $v*_{DO}$P]位置的"[√they]$_{DP}$拷贝"得到了实现，如图(74)所示。

(74)

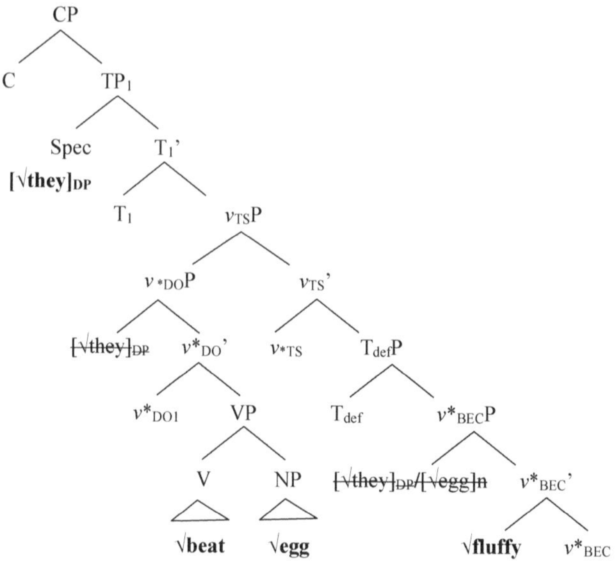

CP语段提交至语音界面后，根据线性对应原则，位于最高位置的拷贝被拼读，即[Spec, TP_1]位置的"they拷贝"最终在语音界面获得了语音特征和主格。V处的√beat，NP处的√egg，以及$v*_{BEC}$P域内的

√fluffy被拼读后，推导结果最终实现为“They beat the egg fluffy.”。

在语义界面，基于对词根√fluffy的语义识别，百科知识排除了语义不合理的they fluffy，诠释了语义合理的egg fluffy。活动类事件语义通过$v*_{DO}$携带的语义信息得到诠释。整个结构专有的致使意义通过v_{TS}携带的语义信息而获得了诠释。在题元赋值方面，[Spec, $v*_{BEC}$P]位置的[√egg]$_{n}$获得了$v*_{DO2}$事件指派的经事题元角色。[Spec, $v*_{DO}$P]位置的[√they]$_{DP}$获得了$v*_{DO}$事件指派的施事角色。

英语不定式结构“John asked Mary to go shopping.”的生成过程与上述情况类似，只是在第二个谓词性成分的生成过程中有所差异。go shopping的事件语义决定与之合并的是轻动词$v*_{DO}$。为了满足$v*_{DO2}$对外论元的选择要求，名词性成分[John]$_{DP}$和[Mary]$_{DP}$都可能在[Spec, $v*_{DO}P_2$]位置合并，最终生成的结果是“John go shopping.”还是“Mary go shopping.”由语义界面的信息筛选。经前置法和量化词插入法检验，[to go shopping]$_{v*DOP2}$没有进一步生成CP语段。后续生成过程同图(74)。

从论元共享角度看，英语动结式和不定式都属于内-外论元递接共享型复杂谓语。与之情况相同的还有埃维语的相关结构。如例(75)所示，第一个谓词性成分“nya追”的内论元与第二个谓词性成分“dzo跑”的外论元都是“devi-e孩子”。这类复杂谓语结构的生成过程与图(74)完全一致。

(75) a. Me nya devi-e dzo. (埃维语)

I chase child-DEFle ave.

‘I chased the child away.’

此外，在埃维语和马拉雅拉姆语中，还存在内–外论元同时共享型的复杂谓语，如例(76a–b)和例(77)所示。这类结构与图(65)的生成过程完全相同。这些结构中普遍存在的论元共享问题可通过共享论元的母本和拷贝分别填充论元位置而得到解决。

(76) a. Wo da fufu du.（埃维语）

they cook fufu eat

'They cooked fufu and ate it.'

b. Kofi tso ati-e fo Yao.

Kofi take stick-DEFh it Yao

'Kofi took the stick and hit Yao with it.'

(77) ñaan oru maanga poTTiccu tinn-u（马拉雅拉姆语）

I a mango pluck eat-Past

'I plucked and ate a mango.'

总体而言，各个谓词的论元如何实现是组构语法观无法回避的问题。普遍的构造机制在解释语言结构的形式、意义与构造方面发挥着基础作用，可从根本上解决论元的实现问题。当然，复杂谓语结构在不同语言中的体现形式可能不尽相同。本书对复杂谓语的组构分析主要适用于多谓词结构，对于单语素谓语或谓语部分包含形态附缀的情况并不适用。

7.4 小结

本书基于汉语复杂谓语结构而提出的理论分析可用于解释更多语言中的相关结构，具有一定的普适性。鉴于复杂谓语的形式多样，涉及的范围较广，本章主要梳理了这类结构给语法研究带来的问题和挑战，而后依据第六章的解决方案分析了多种语言的复杂谓语结构，在动态的构造过程中解决了谓语核心不明及论元共享等问题。

第八章

结论

主要内容及观点 /

理论意义 /

未来研究 /

第八章　结 论

语言是一个融合了多种因素的复杂系统，既有生物性，又有社会性。本研究首先以语言的生物属性为视角，基于语言机能的生成机制，对汉语复杂谓语结构的构造过程进行了系统剖析。以组构观为视角、以语素为着眼点的推导模式打通了语言分析的不同层面，解决了词法与句法、单句与复句之争对语言分析造成的困扰，为汉语语法研究摆脱词汇中心论和主-谓句子框架的束缚提供了可行方案。

组构分析法受到的制约因素主要来自结构专有的非组合意义（如：习语义）。由于这些特定意义的形成在很大程度上依赖于社会规约，语言结构表达的整体意义往往体现了社会因素的影响。本书主要从语义解读的角度探讨了社会属性在语言构造中的作用。

在研究视角方面，本书立足于组构观，以全新的理念重启对语言本质的探索，回答了“语言系统是如何由基本元素构造的”“如何实现对有限元素的无限表达”等具有普遍理论意义的问题。在理论观点方面，本书对复杂谓语句的推导完全基于语言系统自身的构建机制，没有专设特有概念或分析模块，体现了理论解释的充分性和最简性。以功能语素为核心、以语段为单位的推导模式打通了词法与句法的界限，避免了主-谓框架不明对语言分析造成的困扰，有助于推动语法研究摆脱外在语言形式的束缚，为揭示语言系统的本质及构造规律提供一定的线索。本研究对汉语复杂谓语结构的分析也适用于更多语言中的相关结构，具有一定的理论普适性。

8.1 主要内容及观点

复杂谓语结构是一种由多个谓词性成分构成的语序固定、时态单一的结构。这类结构在人类语言中普遍存在，在现代汉语中尤为常见，无论是口头语，还是书面语，复杂谓语结构的使用频率都相当高，范围也十分广泛。

传统语法研究分别从连动式、兼语式和动结式等不同方面进行了探讨，但是对复杂谓语的内部结构如何分析、各个谓词的论元如何实现等问题尚未给予充分的解释。以构式语法为代表的分析流派将这类结构视为一类整体存储的认知图式，对于语言结构如何构造的问题没有予以充分探讨。

语言系统的根本功能之一是实现对有限元素的无限表达。无论是哪种流派的语言分析，都无法回避“语言结构是如何由基本元素构造的”这一本质问题。本书以探究这一问题为宗旨，从最小的音-义结合体——语素着手，基于语言机能的运算机制，对复杂谓语结构的构造过程进行了系统阐述。

8.1.1 主要内容

本书首先介绍了复杂谓语结构的命名、历史由来及研究价值，然后对其定义、范围、分类及典型成员进行了界定和列举，并在此基础上系统归纳了该结构的句法、语义特征。一方面，这类结构的谓语部分具有多个成分，对向心结构分析法、中心语投射理论等语法分析构成挑战，在汉语语法研究中被视为难以解析的特殊句式。例如，“厂长派我去北京”一句中的谓语部分包含两个动词，其核心是前动词“派”还是后动词“去”？这种复杂的综合性特点给语言分析带来了困难。另一方面，多个谓词性成分通常共享至少一个论元，且仅具有单一的时体特征和语态特征。各个谓词的论元如何实现也是一个难题。例如，在上句中，代词“我”充当的是“派”的内论元(即宾语)还是“去北京”的外论元(即主语)？如果代词“我”担任前者的外论元，后者的外论元就会落空，反之亦然。总体而言，谓语核心不明和论元共享问题是复杂谓语结构给语法分析带来的两大挑战。

本书以组构观为视角，以语言系统的生成机制为立论根基，通过推导复杂谓语的具体构造过程，探讨上述两大问题的解决方案。基于分布式形态学的研究理念，本书应用语段理论和事件结构理论对复杂谓语结构的生成过程进行了全方位剖析。推导运算以语素为起点，以语段为基本单位，逐步完成对多重谓词的构建。两两合并的操作首先生成词，再进一步生成短语及句子。无论是词还是句子，本质上都是语素组合的结果，可通过统一的操作机制组构而成。一个语段的运算结果生成之后，被提交至界面接受语义解读和语音拼读。这种动态生成模式解决了谓语核心不明对语法分析造成的一系列问题。在运算过程中，如果论元的数量无法满足需求，运算集合中的成分可以被复制，再以内合并的方式填充论元位置。由此，所有谓词性成分对论元的需求都能够通过语言系统自身的生成机制得到满足。这种利用现有成分进行再加工的机制为论元共享问题提供了最简解决方案。

8.1.2 创新观点

离散性是语言的本质属性之一。“如何将离散的元素构造为更大的语言单位”是语法研究中具有普遍意义的问题。本书以复杂谓语结构为切入点，以组构观为立场，对这一问题进行了探讨。在组构观看来，无论对于初始的语素还是独立的词项，语言系统都是以一套统一的构建机制进行加工的，即将有限的离散元素逐步组合为词、短语、句子等更大的语言单位。在组构观的视角下，复杂谓语结构完全可能由基本的语言单位构建而成。这类所谓的“特殊结构”并不像习语那样无法解析，本质上如同常规结构一样，都是语言生成机制进行合并运算的结果。当然，这类运算的结果可能与我们使用的外在语言存在一定差异。在后句法阶段的形态调整过程中，语素组合不仅可以重新组配，而且可以发生整合，从而在形式上作为一个整体单位获得新的意义。这意味着在推导运算结束之后，形式与意义之间可以再次进行匹配，运算生成的结果可以凝结为像词项或习语一样的固化结构。这种对合并结果再配义的过程是组构分析法受到的主要制约条件。

正是基于这种递归式的合并操作，本书找到了解决论元共享问题的突破口。根据普遍语法原则，谓词选择论元的需求是合并运算发生的主要动因之一。只有当论元结构饱和，且所有的需求都得到满足时，句法运算才能够成功聚合。然而，复杂谓语结构中的论元数量较少，多个谓词通常共享一个论元。如何满足各个谓词对论元的需求？这一问题在复杂谓语结构的构建过程中是无法回避的。根据推导运算的操作机制，谓词对论元的需求可以在生成过程中得到满足。复制操作对运算集合中的论元进行加工，所生成的拷贝随后在论元位置合并。如此一来，所有谓词对论元的需求得到了满足。虽然某些论元(拷贝或母本)没有获得显性的语音形式，但是它们在句法功能和语义内容上是充实的，与原成分具有完全等同的地位，同样可以承担题元角色。这种语音拼读与语义解读的不对等性根源于语音界面与语义界面的不平衡性：语义界面为了实现表达的充分性，通常可以解读所有推导运算的结果，但是语音界面受经济原则的制约，无法为所有结果提供语音形式。这不仅是造成论元共享现象的根源，而且反映了制约语言发展的一条普遍规律——语言表达的经济性与充分性之间的矛盾。界面的不平衡性不仅是造成语言形式与意义错配现象的主要原因之一，而且与语言符号系统的充分性、丰富性、效率性和简洁性等基本属性密切相关，是任何系统充满活力的重要条件。

总体而言，本研究立足于组构观，基于形式语言学的研究视野，分析了复杂谓语结构的生成过程。构词与构句相统一的推导模式不仅打通了语言分析的不同层面，解决了词法与句法、单句和复句之争对语言分析造成的困扰，而且回答了“语言结构是如何由基本元素构造的”这一具有普遍意义的问题，体现了语言系统对有限元素的无限表达这一根本功能。整个理论假设无需增设任何特有概念或分析模块，实现了理论解释的充分性和最简性。

8.2 理论意义

复杂谓语结构在世界语言中是一种较为常见的结构。当包含单一谓词的简单句无法准确而完备地表达更加复杂的语义内容时，多个谓词就会同时出现，表达的意义比单一事件更加丰富，通常由两个以上的子事件构成。这种对单句信息进行扩充的需求是复杂谓语结构被广泛使用的根本动因之一。虽然已有研究认为，这类结构(原文称为连动式)主要为形态标记匮乏的语言所使用(郑学丹，2018)，但是本研究发现，在形态标记丰富的印欧语系语言中，也存在大量的简单句，其谓语部分是由多个谓词性成分(如：动词、形容词、分词)构成的，例如英语的不定式结构、动结式、动词分词组合，以及法语、德语中的重构结构和迂说致使结构。可以说，复杂谓语结构是普遍存在的一种语言现象。

然而，这种由多个谓词性成分构成的句子对已有语法研究造成了挑战。无论是题元理论、中心语投射理论、及物动词理论，还是直接成分分析法、向心结构分析法，都是以单中心语为基础提出的。那么，对于复杂谓语结构的多个谓词性成分而言，哪个才是中心语？此外，这类结构具体是如何由更小的成分组构的？各个谓词的论元将如何实现？这些问题对语法研究造成了诸多困难，引发了我们对以单中心语为基础的语法理论体系进行反思。由于缺乏有定时态标记，句子核心的判定问题在汉语这种形态匮乏的语言中尤为突出。对复杂谓语结构的探究势必推动语法研究进行革新，摆脱动词中心论的束缚，超越主–谓句子框架，打通语言分析的各个单位层面，展示语言系统对信息加工的全貌。

从根本上讲，语法研究对句子结构的剖析是基于分解–组构这一范式实现的：先将语言结构分解为基本单位，再探讨整个结构是如何构建的。因此，句子结构区别于其他语言单位的根本特征是具有分析性(即可分解性)。既然语法运算的结果是可以被拆分、被组构的(如：短语结构)，那么语法分析就应当以组构性为核心和本质。无论组构的对象是原初的语素还是独立的词项，构建语法系统的机制都是一致的，即基于有限的元素组合更大的语言单位。鉴于此，本书坚持组构观。这一分析视角必然涉及语言结构如何生成的问题。

从动结复合词到连动句式，复杂谓语结构包含的语法类型跨度较大，已有研究未能进行统一分析。本研究根据分布式形态学的单引擎生成机制，打通了词法与句法的界限，对各类复杂谓语结构的生成进行了统一解释。以语素为起点，递归式地合并操作首先生成词，再生成语段，最后进一步生成复杂谓语句。统一的生成机制可以解释不同层面的语言现象，不仅适用于词、句界限明晰的语言，而且更好地分析了汉语这种词、句界限不明的语言，能够真正驾驭语言在形式层面和意义层面的不同特性[1]，实现理论分析的普适性。

与此同时，论元如何实现的问题可通过语言系统自身特有的运算机制(即复制和内合并操作)得到解决。谓词自身无法饱和，必须与论元相结合，才能表达一个完整的命题。这是基于语言成分进行构句的语义基础。因此，复杂谓语结构中多个谓词的论元结构如何

1. 形态丰富的语言对复杂谓语结构的使用十分有限，倾向于借助最小的语言信息单位——语素——完成信息的表达；形态匮乏的语言大量使用复杂谓语结构，倾向于借助更大的信息范畴——语篇的元件和功能——完成信息的表达。

饱和是语法分析不可回避的问题。根据我们的语感，在具有论元共享的复杂谓语结构中，至少存在一个成分，与语句中或语境中的某个论元同指，只不过这种成分在语音形式上没有体现出来。那么，这类空论元是如何产生的？语言的推导运算如何解释语义上的同指与语音上的省略？在此背景下，本书基于形式语言学的研究理念，应用语言系统自身的操作机制对这类空成分的生成及其语义功能进行了解释。只有推导运算生成了多个论元拷贝，且这些拷贝都可以参与语义解读和题元赋值，才能从根本上解决论元共享问题。既然论元共享现象因语音删除引起，那么语法分析还原其本来面目自然是理所当然，不能因为语音上的缺失就否认拷贝的存在。就语言事实而言，汉语的一大特点是句子中的动词多、名词少。传统语法分析没有否认共享论元存在多个拷贝，只是强调其外在的语音形式不能全部实现，其中一个应被视为隐性形式。这与本书对论元共享问题的解决方案在思路上是一致的。

总体而言，复杂谓语结构对汉语语法，以及普遍的语法理论研究都具有重要的研究价值。本书对复杂谓语结构的分析解释了“语言系统如何通过有限元素实现无限表达”等具有普遍理论意义的问题。将复杂谓语结构进行整体分析的做法实际上是对上述问题的一种回避，未能从真正意义上实现语言学理论解释的终极目标。对于论元共享，本研究基于语言运算系统自身的操作机制提供了最简解决方案。整个推导过程没有专设任何空成分、功能性成分或运算模块，符合理论构建的最简性。在应用组构生成观解释特殊语言结构方面，本书具有一定的突破，有助于推动相关语法体系的进一步完善，增强理论解释的深度和普适性。

8.3 未来研究

如何基于有限的离散元素实现对语言的无限表达是语法分析无法回避的问题。本书仅以复杂谓语结构为切入点阐述了组构语法观的优势和理论价值。对于其他语言现象和结构而言，组构观同样具有较强的解释力。未来研究可进一步拓展至双宾句、中动句、受事主语句等更多类型的语言结构，通过探讨其生成过程挖掘汉语语法系统的一些基本特点。此外，以语素为基础的构造机制打通了词法与句法的藩篱，后续研究可进一步开拓思路，以这种统一的构造机制分析更多的语言现象，检验理论假设的普适性。

另一方面，语义信息在语言构建过程中的作用有待充分挖掘。无论是合并操作的动因，还是对最佳运算结果的筛选，语义因素都起着至关重要的作用。然而，语义信息适合以何种方式、在推导运算的什么阶段发挥作用？目前学界对这些问题尚未达成一致的看法。此外，论元结构和事件结构在联系句法–语义关系中起到了枢纽作用，但是二者之间是何关系？未来研究有待在这些方面进一步探讨。

参考文献

陈昌来，1998，现代汉语不及物动词的配价考察，《语言研究》第2期。

陈建民，1960，论兼语式和一些有关句子分析法的问题，《中国语文》第3期。

程工、李海，2016，分布式形态学的最新进展，《当代语言学》第1期。

程工、田启林，2022，语段理论的优势及其理论创新，《现代外语》第4期。

程工、杨大然，2016，现代汉语动结式复合词的语序及相关问题，《中国语文》第5期。

戴浩一，1988，时间顺序和汉语语序，《国外语言学》第1期。

丁声树、吕叔湘、李荣，1961，《现代汉语语法讲话》，北京：商务印书馆。

范晓，1991，《汉语的短语》，北京：商务印书馆。

范晓，1996，《三个平面的语法观》，北京：北京语言文化大学出版社。

冯胜利，2016，《汉语历时句法学论稿》，上海：上海教育出版社。

高增霞，2007，论连动结构的有界性，《河南师范大学学报》第1期。

何乐士，1984，从左传和史记的比较看史记的动补式，《东岳论丛》第4期。

黄伯荣，1963，《句子的分析与辨认》，上海：上海教育出版社。

蒋绍愚，1994，《近代汉语研究概况》，北京：北京大学出版社。

黎锦熙，1924，《新著国语文法》，北京：商务印书馆。

李恩光，2010，汉语连动式论元融合的认知研究，河南大学博士学位论文。

李红兵，2006，分布形态理论：一种新的句法形态结构理论，《解放军外国语学院学报》第5期。

李可胜、满海霞，2015，连动式的时间模式和有界性的时体语义贡献，《语言教学与研究》第2期。
李临定，1984，究竟哪个“补”哪个：“动补格”关系再议，《汉语学习》第2期。
李亚非，2021，语段研究的新问题和新进展，《现代外语》第2期。
刘丹青，2019，汉语中的库藏裂变，《语言教学与研究》第5期。
吕叔湘，1953，《语法学习》，上海：复旦大学出版社。
吕叔湘，1979，《汉语语法分析问题》，北京：商务印书馆。
吕叔湘，1980，《现代汉语八百词》，北京：商务印书馆。
吕叔湘，1990，《中国文法要略(第一卷)》，北京：商务印书馆。
吕叔湘、朱德熙，1952，《语法修辞讲话》，北京：中国青年出版社。
吕冀平，1958，《复杂谓语》，上海：新知识出版社。
陆丙甫，2006，不同学派的“核心”概念之比较，《当代语言学》第4期。
马建忠，1898，《马氏文通》，北京：商务印书馆。
马希文，1987，与动结式动词有关的句式，《中国语文》第6期。
梅祖麟，1980，四声别义的时间层次，《中国语文》第6期。
沈家煊，2003，现代汉语“动补结构”的类型学考察，《世界汉语教学》第3期。
施春宏，2007，动结式致事的类型、语义性质及其句法表现，《世界汉语教学》第3期。
施春宏，2008，动结式“V累”的句法语义分析及其理论蕴涵，《语言科学》第3期。
石毓智、李讷，2001，《汉语语法化的历程》，北京：北京大学出版社。
石毓智，2003，《现代汉语语法系统的建立：动补结构的产生及其影响》，北京：北京语言文化大学出版社。
石毓智，2005，被动式标记语法化的认知基础，《民族语文》第3期。
宋文辉，2004，再论现代汉语动结式的核心，《现代外语》第2期。
宋文辉，2018，《主语和话题》，上海：学林出版社。
索绪尔，1916/1980，《普通语言学教程》高名凯译，北京：商务印书馆。
太田辰夫，1958，《中国语历史文法》蒋绍愚、徐昌华译，北京：北京大学出版社。
汤廷池，1990，“原则及参数语法”与英华对比分析，《世界汉语教学》第4期。
汤廷池，1992，汉语述补式复合动词结构：功能与起源，载《汉语词法句法四集》，台北：台湾学生书局。
王红旗，1995，《现代汉语配价语法研究》，北京：北京大学出版社。
王力，1936，《汉语音韵学》，北京：中华书局。
王力，1954，《中国语法理论》，北京：中华书局。
王力，1957，《汉语史稿》，北京：科学出版社。
王力，1985，《中国现代语法》，北京：商务印书馆。
王力，1989，《汉语语法史》，北京：商务印书馆。
王玲玲、何元建，2002，《汉语动结结构》，杭州：浙江教育出版社。
魏兆惠，2005，论两汉时期趋向连动式向动趋式的发展，《语言研究》第1期。
吴福祥，1999，近代汉语语法研究的成就与展望，载《汉语史研究集刊》，成都：巴蜀书社。
吴启主，1990，连动句，兼语句，载《现代汉语研究》，长沙：湖南师范大学出版社。
邢欣，1995，致使动词的配价，载《现代汉语配价语法研究》，北京：高等教育出版社。
邢欣，2004，《现代汉语兼语式》，北京：北京广播学院出版社。
熊仲儒，2004，《现代汉语中的致使句式》，合肥：安徽大学出版社。
熊仲儒、刘丽萍，2005，汉语动结式的核心，《暨南大学华文学院学报》第4期。
熊仲儒、刘丽萍，2006，动结式的论元实现，《现代外语》第2期。
徐通锵，1998，自动和使动——汉语语义句法的两种基本句式及其历史演变，《世界汉语教学》第1期。
徐通锵，2005，“字本位”和语言研究，《语言教学与研究》第6期。
杨伯峻、何乐士，1992，《古语汉语语法及其发展》，北京：语文出版社。
杨成凯，1984，兼语式存废之争，《中国社科院研究生院学报》第1期。
杨大然，2018，生成性建构主义视角下动结式的核心问题探究，《外国语》第2期。
杨大然，2021，英汉致使结构的对比分析: 基于分布式形态学视角，《外语教学与研究》第2期。
姚振武，2013，上古汉语动结式的发展及相关研究方法的检讨，《古汉语研究》第1期。
袁芳、魏行，2016，最简方案框架下题元理论新解，《解放军外国语学院学报》第2期。
袁芳、陈宗利、魏行，2018，汉语连动结构的拷贝分析，《外国语》第3期。
袁毓林，1998，《汉语动词的配价研究》，南昌：江西教育出版社。
袁毓林，2000，述结式的结构和意义的不平衡性，《现代中国语研究》第1期。
袁毓林，2001，述结式配价的控制——还原分析，《中国语文》第5期。
张志公，1953，《汉语语法常识》，北京：中国青年出版社。

赵长才，2000，汉语述补结构的历时研究，中国社会科学研究生院博士学位论文。

郑学丹，2018，连动句的时态解读机制，《现代外语》第4期。

志村良治，1984，《中国中世语法史研究》，东京：三冬社。

朱德熙，1982，《语法讲义》，北京：商务印书馆。

朱德熙，1985，《语法答问》，北京：商务印书馆。

Abeillé, D., Godard, D., & Sag, I. (1998). Two kinds of composition in French complex predicates. In E. Hinrichs, A. Kathol & T. Nakazawa (Eds.), *Complex predicates in nonderivational syntax* (pp. 1–41). Academic Press.

Aikhenvald, A. Y. A., & Dixon, R. M. W. (2006). *Serial verb constructions: A cross-linguistic typology*. Oxford University Press.

Aissen, J., & Perlmutter, D. M. (1976). Clause reduction in Spanish. In D. Perlmutter (Ed.), *Studies in relational gramm*ar (pp. 360–403). The University of Chicago Press.

Alsina, A. (1993). *Predicate composition: A theory of syntactic function alternations (Volume I and II)* [Doctoral dissertation, Stanford University]. ProQuest Dissertations & Theses Global.

Alsina, A., Bresnan, J., & Sell, P. (1997). *Complex predicates*. CSLI Publications.

Amberber, M., Baker, B., & Harvey, M. (Eds.) (2010). *Complex predicates: Cross-linguistic perspectives on event structure*. Cambridge University Press.

Baker, B., & Harvey, M. (2010). Complex predicate formation. In M. Amberber, B., Baker, & M. Harvey (Eds.), *Complex predicates: Cross-linguistic perspectives on event structure*. (pp. 13–46). Cambridge University Press.

Berwick, R., C. & Chomsky, N. (2011). The biolinguistic program: The current state of its evolution and development. In A. DiSciullo & C. Boeckx (Eds.), *The biolinguistic enterprise* (pp. 1–41). Oxford University Press.

Biskup, P. (2009). *The phase model and adverbials* [Doctoral dissertation, Universität Konstanz]. Verlag nicht ermittelbar.

Bock, K., & Levelt, W. J. M. (1994). Language production: Grammatical encoding. In M. A. Gernsbacher (Ed.), *Handbook of Psycholinguistics* (pp. 945–984). Academic Press.

Borer, H. (1994). The projection of argument. *University of Massachusetts Occasional Papers in Linguistics*, *17*(20), 19–48.

Borer, H. (2005). *Structuring sense*. Oxford University Press.

Bošković, Ž. (2014). Now I'm a phase, now I'm not a phase: On the variability of phases with extraction and ellipsis. *Linguistic Inquiry*, *45*(1), 27–89.

Bowers, J. (2013). The syntax of predication. In M. Baltin & C. Collins (Eds.), *The handbook of contemporary syntactic theory* (pp. 591–656). Blackwell.

Bresnan, J. (1982). *The mental representation of grammatical relations*. The MIT Press.

Bresnan, J. (2001). *Lexical-functional syntax*. Blackwell.

Bresnan, J., & Kanerva, J. M. (1989). Locative inversion in Chicheŵa: A case study of factorization in grammar. *Linguistic Inquiry*, *20*(1), 1–50.

Butt, M. (2010). The light verb jungle: still hacking away. In M. Amberber, B. Baker & M. Harvey (Eds.), *Complex predicates in cross-linguistic perspective* (pp. 48–78). Cambridge University Press.

Butt, M., & Ramchand, G. (2005). Complex aspectual structure in Hindi/Urdu. In

N. Erteschik-Shir & T. Rapoport (Eds.), *The syntax of aspect* (pp. 117–153). Oxford University Press.

Butt, M., & Lahiri, A. (2013). Diachronic pertinacity of light verbs. *Lingua, 135*(1), 7–29.

Chang, J. (2007). Linking semantics and syntax in mandarin serial verbs: A Role and Reference Grammar account. *Language and Linguistics*, *8*(1), 235–266.

Chao, Y. (1968). *A grammar of spoken Chinese*. University of California Press.

Chomsky, N. (1956). Three models for the description of language. *IRE Transactions on Information Theory*, *2*, 113–124.

Chomsky, N. (1980). On binding. *Linguistic Inquiry*, *11*(1), 1–46.

Chomsky, N. (2001). Derivation by phase. In M. J. Kenstowicz (Ed.), *Ken Hale: A life in language* (pp. 1–52). The MIT Press.

Chomsky, N. (2004). Beyond explanatory adequacy. In A. Belletti (Ed.), *Structures and beyond: The cartography of syntactic structures (Vol. 3)* (pp. 104–131). Oxford University Press.

Chomsky N. (2012). Poverty of stimulus: Unfinished business. *Studies in Chinese Linguistics, 33*(1), 3–16.

Chomsky, N. (2013). Problems of projection. *Lingua*, *130*, 33–49.

Chomsky, N. & Halle, M. (1968). *The sound pattern of English*. The MIT Press.

Cinque, G. (2004). "Restructuring" and functional structure. In A. Belletti (Ed.), *Structures and beyond: The cartography of syntactic structures (Vol. 3)* (pp. 132–191). Oxford University Press.

Citko, B. (2014). *Phase theory: An introduction*. Cambridge University Press.

Citko, B. (2020). On top but not a phase: Phasehood inheritance and variation in sluicing. In J. van Craenenbroeck, C. Pots & T. Temmerman (Eds.), *Recent developments in phase theory* (pp. 35–60). De Gruyter Mouton.

Collins, C. (1997). Argument sharing in serial verb constructions. *Linguistic Inquiry*, *28*(3), 461–497.

Comrie, B. (1989). *Language universals and linguistic typology: Syntax and morphology*. Blackwell Publishing.

Craig, C. G., & Hale, K. (1988). Relational preverbs in some languages of the Americas: Typological and historical perspectives. *Language*, *64*(2), 312–343.

Creissels, D. (2000). Typology. In B. Herne & D. Nurse (Eds.), *African languages: An introduction* (pp. 231–258). Cambridge University Press.

De Belder, M. (2011). *Roots and affixes: Eliminating lexical categories from syntax*. LOT Publications.

Demirdache, H., & Uribe-Etxebarria, M. (2007). The syntax of time arguments. *Lingua*, *117*(2), 330–366.

Den Dikken, M. (2007). Phase extension: Contours of a theory of the role of head movement in phrasal extraction. *Theoretical Linguistics*, *33*(1), 1–41.

Dowty, D. R. (1979). *Word meaning and Montague grammar: The semantics of verbs and times in generative semantics and in Montague's PTQ*. D. Reidel Publishing Company.

Dowty, D. R. (1991). Thematic proto-roles and argument selection. *Language*, *67*(3), 547–619.

Embick, D. (2004). On the structure of resultative participles in English. *Linguistic Inquiry*, *35*(3), 355–392.

Embick, D., & Noyer, R. (2001). Movement operations after syntax. *Linguistic Inquiry 32*(4), 555–595.

Embick, D., & Marantz, A. (2008). Architecture and blocking. *Linguistic Inquiry, 39*(1), 1–53.

Foley, W., & Olson, M. (1985). Clausehood and verb serialization. In J. Nichols & A. C. Woodbury (Eds.), *Grammar inside and outside the clause* (pp. 17–60). Cambridge University Press.

Folli, R., Harley H., & Karimi, S. (2005). Determinats of event type in Persian complex predicates. *Lingua, 115*(10), 1365–1401.

Folli, R., & Harley, H. (2012). The syntax of argument structure: Evidence from Italian complex predicates. *Journal of Linguistics*, *48*(1), 1–33.

Fox, D., & Pesetsky, D. (2005). Cyclic linearization of syntactic structure. *Theoretical Linguistics*, *31*(1), 1–46.

Goldberg, A. E. (1995). *Constructions: A construction grammar approach to argument structure*. The University of Chicago Press.

Goldberg, A. E. (2003). Words by default: The Persian complex predicate construction. In E. J. Francis & L. Michaelis (Eds.), *Mismatch: Form-function incongruity and the architecture of grammar* (pp. 117–146). CSLI Publications.

Goldberg, A. E. (2006). *Constructions at work: The nature of generalization in language*. Oxford University Press.

Goldberg, A. E., & Jackendoff. R. (2004). The English resultative as a family of constructions. *Language*, *80*(3), 532–568.

Grimshaw, J. B. (1990). *Argument structure*. The MIT Press.

Gu, Y. (1992). *The syntax of resultative and causative compounds in Chinese* [Doctoral dissertation, Cornell University]. ProQuest Dissertations & Theses Global.

Haegeman, L. (1994). *Introduction to Government and Binding Theory*. Blackwell.

Hale, K., & Keyser, S. J. (1993). On argument structure and the lexical expression of syntactic relations. In K. Hale & S. J. Keyser (Eds.), *The views from Building 20* (pp. 53–109). The MIT Press.

Hale, K., & Keyser, S. J. (2002). *Prolegomenon to a theory of argument structure*. The MIT Press.

Her, O. (2007). Argument-function mismatches in Mandarin resultatives: A lexical mapping account. *Lingua*, *117*(1), 221–246.

Hoekstra, T. H. (1988). Small clause results. *Lingua*, *74*(1), 101–139.

Hoekstra, T. H., & Mulder, R. (1990). Unergatives as copular verbs; locational and existential predication. *The Linguistic Review*, *7*(1), 1–80.

Hoekstra, T. H. (1992). Aspect and theta theory. In I. M. Roca (Ed.), *Thematic structure: Its role in grammar* (pp. 145–174). Foris Publications.

Huang, Y. (1992). Against Chomsky's typology of empty categories. *Journal of Pragmatics*, *17* (1), 1–29.

Huang, C. T. J., Li, Y. H. A., & Li, Y. (2009). *The syntax of Chinese*. Cambridge University Press.

Jackendoff, R. (1996). Conceptual semantics and cognitive linguistics. *Cognitive Linguistics*, *7*(1), 93–129.

Jackendoff, R. (2002). *Foundations of language: Brain, meaning, grammar, evolution*. Oxford University Press.

Jayaseelan, K. A. (2004). The serial verb construction in Malayalam. In V. Dayal & A. Mahajan (Eds.), *Clause structure in South Asian languages* (pp. 67–91). Springer.

Jespersen, O. (1924). *Philosophy of grammar*. The University of Chicago Press.

Karimi, S. (1997). Persian complex verbs: Idiomatic or compositional. *Lexicology*, *3*(1), 273–318.

Karimi-Doostan, G. (1997). *Light verb constructions in Persian* [Doctoral dissertation, University of Essex]. ResearchGate.

Kayne, S. R. (1994). *The antisymmetry of syntax*. The MIT Press.

Klein, W. (1995). A time-relational analysis of Russian aspect. *Language 71*(4), 669–695.

Levin, B. (1999). Objecthood: An event structure perspective. In S. J. Billings, J. P. Boyle & A. M. Griffith (Eds.), *Proceedings of CLS 35* (Part 1) (pp. 223–247). University of Chicago.

Levin, B., & Rappaport Hovav, M. (2005). *Argument realization*. Cambridge University Press.

Li, C. (2013). Mandarin resultative verb compounds-simple syntax and complex thematic relations. *Language Science*, *37*(1), 99–121.

Li, N., & Thompson, S. (1981). *Mandarin Chinese: A functional reference grammar*. University of California Press.

Li, Y. (1995). The thematic hierarchy and causativity. *Natural Language and Linguistic Theory*, *13*(2), 255–282.

Liberman, M., & Prince, A. (1997). On stress and linguistic rhythm. *Linguistic*

Inquiry, *8*(2), 249–336.

Lin, J. J. (2004). *Event structure and the encoding of arguments: The syntax of the Mandarin and English verb phrase* [Doctoral dissertation, Massachusetts Institute of Technology]. MIT Libraries.

Manning, C. D. (1992). *Romance is so complex*. Technical Report (CSLI–92–168). Stanford University.

Marantz, A. (1997). No escape from syntax: Don't try morphological analysis in the privacy of your own lexicon. In A. Dimitriadis, L. Siegel, C. Surek-Clark & A. Williams (Eds.), *Proceedings of the 21st annual Pennsylvania linguistics colloquium* (pp. 201–225). University of Pennsylvania.

Marantz, A. (2013). Verbal argument structure: Events and participants. *Lingua, 130*, 152–168.

Masini, F. (2005). Multi-word expressions between syntax and the lexicon: The case of Italian verb-particle constructions. *Journal of Linguistics*, *18*, 145–173.

Massam, D. (2013). Nuclear complex predicates in Niuean. *Lingua, 135*(3), 56–80.

Matthews, B. G. (1996). *The philosophy of childhood.* Harvard University Press.

Matushansky, O. (2005). Going through a phase. In M. McGinnis & N. Richards (Eds.), *MIT Working Papers in Linguistics 49* (pp. 157–181). The MIT Press

Muysken, P. C., & Veenstra, T. (2006). Serival verbs. In M. Everaert & V. H. Riemsdijk (Eds.), *The Blackwell compainon to syntax* (pp. 234–270). Blackwell Publishing.

Müller, G. (2004). Phrase impenetrability and wh-intervention. In A. Stepanov, G. Fanselow & R. Vogel (Eds.), *Minimality effects in syntax* (pp. 289–325). De

Gruyter Mouton.

Müller, G. (2011). *Constraints on displacement: A phase-based approach*. John Benjamins.

Nash, L., & Samvelian, P. (2016). *Approaches to complex predicates*. Brill.

Neeleman, A., & van de Koot, H. (2002). Bare resultatives. *Journal of Comparative Germanic Linguistics*, *6*(1), 1–52.

Parsons, T. (1990). *Events in the semantics of English: A study in subatomic semantics*. The MIT Press.

Pustejovsky, J. (2005). The syntax of event structure. In I. Mani, J. Pustejovsky & R. Gaizauskas (Eds.), *The language of time: A reader* (pp. 33–60). Oxford University Press.

Quirk, R., Greenbaum, S. Leech, G., & Svartvik, J. (1985). *A comprehensive grammar of the English language*. Longman.

Radford, A. (2009). *Analysing minimalist syntax*. Cambridge University Press.

Ramchand, G. C. (2008). *Verb meaning and the lexicon: A first phase syntax*. Cambridge University Press.

Rappaport Hovav, M., & Levin, B. (1998). Building verb meanings. In M. Butt & W. Geuder (Eds.), *The projection of arguments: Lexical and compositional factors* (pp. 97–134). CSLI Publications.

Rizzi, L. (1976). Ristrutturazione. *Rivista di grammatica generative, 1*, 1–54.

Rizzi, L. (1978). A restructuring rule in Italian syntax. In S. J. Keyser (Ed.), *Recent transformational studies in European languages* (pp. 113–158). The MIT Press.

Rosen, S. (1989). *Argument structure and complex predicates* [Doctoral dissertation, Brandais University]. ProQuest Dissertations & Theses Global.

Samek-Lodovici, V. (2003). The internal structure of arguments and its role in complex predicate formation. *Natural Language and Linguistic Theory*, *21*, 835–881.

Samvelian, P. (2012). *Grammaire des prédicats complexes*: *Les constructions nomverbe*. Lavoisier-Hermès.

Siddiqi, D. (2009). *Syntax within the word: Economy, allomorphy, and argument selection in distributed morphology*. John Benjamins.

Svenonius, A. P. (2016). Complex predicates as complementation structures. In L. Nash & P. Samvelian (Eds.), *Approaches to complex predicates*. (pp. 212–247). Brill.

Sybesma, R. (1999). *The Mandarin VP*. Kluwer Academic Publishers.

Sybesma, R. (2007). Whether we tense-agree overtly or not. *Linguistic Inquiry*, *38*(3), 580–587.

Tenny, C. (1994). *Aspectual roles and the syntax-semantics interface*. Springer.

Todorović, N. (2020). Aspect interacts with phasehood: Evidence from Serbian VP-ellipsis. In J. van Craenenbroeck, C. Pots & T. Temmerman (Eds.), *Recent developments in phase theory* (pp. 11–34). De Gruyter Mouton.

Uriagereka, J. (2008). *Syntactic anchors: On semantic structuring*. Cambridge University Press.

Van Urk, C. (2020). Successive cyclicity and the syntax of long-distance dependencies. Annual Reviews of *Linguistics*, *19*(1), 111–130.

Van Valin, R. D., & LaPolla, R. J. (1997). *Syntax: Structure, meaning and function*. Cambridge University Press.

Vendler, Z. (1967). *Linguistics in philosophy*. Cornell University Press.

Verkuyl, J. H. (1993). *A theory of aspectuality*. Cambridge University Press.

Williams, S. E. (1983). Agaisnt small clauses. *Linguistic Inquiry 14* (2), 287–308.

Wurmbrand, S. (2001). *Infinitives: Restructuring and clause structure*. De Gruyter Mouton.

Zou, K. (1994). Resultative v-v compounds in Chinese. In H. Harley & C. Phillips (Eds.), *MIT Working Papers in Linguistics 22* (pp. 271–290). The MIT Press.

图书在版编目(CIP)数据
现代汉语复杂谓语结构研究 / 袁芳, 魏行著.
上海 : 上海译文出版社, 2025. 7. -- ISBN 978-7-5327-7295-7
Ⅰ. H146.3
中国国家版本馆CIP数据核字第2025TZ6512号

现代汉语复杂谓语结构研究
袁芳　魏行　著
责任编辑/徐玲　装帧设计/胡枫　周乐祺
版式设计/张越

上海译文出版社有限公司出版、发行
网址：www.yiwen.com.cn
201101　上海市闵行区号景路159弄B座
常熟市文化印刷有限公司印刷

开本890×1240　1/32　印张7.25　插页2　字数159,000
2025年7月第1版　2025年7月第1次印刷
印数：0,001–1,000册

ISBN 978-7-5327-7295-7
定价：58.00元